myNews explica!

Economia

Juliana Inhasz Kessler

70

MYNEWS EXPLICA ECONOMIA

AUTOR: Juliana Inhasz

DIRETOR DA ALMEDINA BRASIL: Rodrigo Mentz
EDITOR: Marco Pace
EDITOR DE DESENVOLVIMENTO: Rafael Lima
COORDENADORAS DA COLEÇÃO MYNEWS EXPLICA: Gabriela Lisboa e Mara Luquet
ASSISTENTES EDITORIAIS: Larissa Nogueira e Letícia Gabriella Batista
ESTAGIÁRIA DE PRODUÇÃO: Laura Roberti
REVISÃO: Gabriel Branco e Juliana Leuenroth

DIAGRAMAÇÃO: Almedina
DESIGN DE CAPA: Roberta Bassanetto
IMAGEM DE CAPA: Freepik

ISBN: 9786554271707
Setembro, 2023

Dados Internacionais de Catalogação na Publicação (CIP)
(Câmara Brasileira do Livro, SP, Brasil)

Inhasz, Juliana
MyNews explica economia / Juliana Inhasz.
São Paulo : Edições 70, 2023.

ISBN 978-65-5427-170-7

1. Economia 2. Macroeconomia 3. Microeconomia
4. Política monetária I. Título.

23-161113 CDD-330

Índices para catálogo sistemático:

1. Economia 330

Eliane de Freitas Leite – Bibliotecária – CRB 8/8415

Este livro segue as regras do novo Acordo Ortográfico da Língua Portuguesa (1990).

EDITORA: Almedina Brasil
Rua José Maria Lisboa, 860, Conj. 131 e 132, Jardim Paulista | 01423-001 São Paulo | Brasil
www.almedina.com.br

Apresentação

Zelar pela informação correta de boa qualidade com fontes impecáveis é missão do jornalista. E nós no MyNews levamos isso muito a sério. No século 21, nosso desafio é saber combinar as tradicionais e inovadoras mídias, criando um caldo de cultura que ultrapassa barreiras.

A nova fronteira do jornalismo é conseguir combinar todos esses caminhos para que nossa audiência esteja sempre bem atendida quando o assunto é conhecimento, informação e análise.

Confiantes de que nós estaremos sempre atentos e vigilantes, o MyNews foi criado com o objetivo de ser plural e um *hub* de pensamentos que serve como catalisador de debates e ideias para encontrar respostas aos novos desafios, sejam eles econômicos, políticos, culturais, tecnológicos, geopolíticos, enfim, respostas para a vida no planeta nestes tempos tão estranhos.

A parceria com a Almedina para lançar a coleção MyNews Explica vem de uma convergência de propósitos.

A editora que nasceu em Coimbra e ganhou o mundo lusófono compartilha da mesma filosofia e compromisso com o rigor da informação e conhecimento. É reconhecida pelo seu acervo de autores e títulos que figuram no panteão de fontes confiáveis, medalhões em seus campos de excelência.

A coleção MyNews Explica quer estar ao seu lado para desbravar os caminhos de todas as áreas do conhecimento.

MARA LUQUET

Lista de tabelas

Lista de figuras

Sumário

1
Um Passeio pelo Estudo da Economia

1.1. Começando a pensar na Economia... mas, por quê?

Economia é algo difícil de se compreender? Essa é uma pergunta que os economistas sempre precisam responder.

Economia não parece, para a maioria das pessoas, um assunto muito simples, apesar de ser tão cotidiano. Você vai ao mercado e precisa escolher entre diversos produtos que possuem preços e qualidades distintos. Por qual deles você escolhe, caso a sua marca preferida seja justamente aquela que sofreu o maior acréscimo de preços de uma semana para outra? Ou ainda, você talvez precise controlar seus gastos e os gastos de sua família, tendo em vista o orçamento familiar do final do mês. Como você se organiza para que seu dinheiro seja suficiente para bancar todas as suas contas?

Esses são só alguns exemplos de como as decisões econômicas estão na sua vida, mesmo que você não conheça (ainda) as lógicas que definem a teoria econômica. Acredite, ao final deste livro você entenderá por que seus dias, do início ao fim, são tomados de decisões econômicas que definem suas trajetórias e história hoje e no futuro. Afinal, definir qual será o jantar hoje, quem ajudará as crianças com a lição de casa ou ainda qual será sua profissão envolvem escolhas, e pensar em economia nada mais é do que pensar em escolhas...

O estudo da economia se concentra na *compreensão* de como é possível se fazer as *melhores escolhas*, gerando *felicidade* para a sociedade (ou para seus indivíduos), e levando em consideração a existência de *inúmeras restrições*, que tornam essas escolhas por vezes particularmente complexas. Nesse contexto, a economia enquanto ciência se posiciona entre áreas que fornecem *diferentes habilidades* para que seus profissionais possam tomar sempre as melhores decisões. Entre elas, as habilidades em lidar e compreender as necessidades humanas com sensibilidade e empatia (muito evidente nas ciências humanas), em conjunto com as habilidades de definir e analisar de maneira crítica as informações disponíveis, sempre em busca da melhor tomada de decisão dentro de ambientes restritos.

Economia não é, portanto, uma ciência de difícil explicação, desde que consigamos desmistificar alguns de seus temas aparentemente complexos, traduzindo-os de forma fácil àqueles que não estão habituados aos jargões e termos da área. E é essencial que todos, independentemente de sua área, compreendam os eventos econômicos e seus efeitos sobre a vida, uma vez que eles afetam a sociedade de forma generalizada.

Justamente por isso, o estudo da economia vai muito além de entendermos apenas os exemplos dados no início deste capítulo. Estudamos economia porque queremos, de forma ampla, compreender como a sociedade define suas relações, como ela pensa e executa a distribuição de recursos, como essa mesma sociedade planeja de forma estratégica a condução de políticas econômicas para que objetivos ligados ao crescimento sustentável sejam factíveis. *Queremos entender, de forma breve, como a sociedade faz suas escolhas.*

É por isso, e por outras tantas justificativas, que estudar economia é interessante para todo e qualquer agente dentro de uma sociedade. Pessoas que conhecem economia sabem gerenciar, com maior eficiência e habilidade, suas finanças. Famílias conseguem, com esse conhecimento, melhores condições de vida, seja entendendo como gastam sua renda, seja entendendo se devem ou não adquirir a casa própria, ou até mesmo decidindo se em determinado momento vale a pena passar férias no litoral ou no hemisfério Norte.

Este livro se propõe a trazer uma forma suave e simples de exposição dos princípios da teoria econômica que possibilite compreender a economia e seus desdobramentos para a vida cotidiana através de uma linguagem mais leve, mais despojada e muitas vezes casual. Os exemplos aqui utilizados também serão, em sua maioria, simples, e por mais que em vários momentos possam parecer pouco aderentes ou mesmo pouco alinhados à realidade, eles serão importantes para que possamos compreender realidades, situações e contextos mais complexos que nos cercam.

Mas, afinal, o que é a economia?

1.2. O que é economia? Um passeio pela história...

Há diversas formas de definir a economia. Vários são, também, os autores que contribuíram, com suas obras e estudos, para a definição mais ampla da ciência econômica.

Para os *economistas clássicos*, dos quais a maior referência é o filósofo e economista escocês Adam Smith (1723-1790), a economia caracterizava-se como o estudo dos processos produtivos, englobando não apenas as formas de produção em si, mas também as maneiras de distribuição, aquisição e alocação de bens e serviços produzidos por uma determinada sociedade. A obra icônica de Adam Smith, *A Riqueza das Nações* (1776), pontua, nesta mesma tônica, que a riqueza de uma nação se fazia através do aumento da produtividade do trabalho (ou mão de obra), favorecida pela divisão social do trabalho. Sendo assim, o preço de determinado produto era baseado no número de horas de trabalho que seriam necessárias para produzi-lo.

Smith é o grande responsável pela criação do termo "*mão invisível*", até hoje muito utilizado para explicar mecanismos naturais de autorregulação do mercado, sem a necessidade da interferência estatal: segundo ele, sempre que o mercado estivesse em desequilíbrio, com disponibilidade de bens ou recursos maior que as necessidades da sociedade, haveria uma mudança de preços natural, que apontaria para a percepção de valor da sociedade sobre os mesmos: em situações de abundância, os preços cairiam refletindo a ampla disponibilidade; em situações de escassez, os preços se elevariam, indicando a exclusividade de seu consumo. Esses mecanismos aconteceriam sem a interferência do Estado, que neste contexto atuaria apenas em situações que impusessem a necessidade de defesa, lei ou ainda ordem nacional.

Não causa espanto que Smith pensasse justamente na *divisão social do trabalho* como forma de aumento de produtividade e, portanto, de produção: nesta mesma época, a Inglaterra passava pelo advento da Primeira Revolução Industrial, com o surgimento do maquinário a vapor voltado à indústria têxtil, e a divisão da produção em etapas, favorecendo que a especialização tornasse cada trabalhador mais produtivo dentro de sua função. É naquela época que muitos historiadores acreditam que tenha acontecido a consolidação do capitalismo como modelo econômico: alteração nas relações trabalhistas, com trabalhadores recebendo menores salários (uma vez que as habilidades manuais, grande diferencial na era manufatureira, não eram mais essenciais, tendo em vista que o surgimento das máquinas foi o grande impulsionador do aumento da produtividade); alterações no modo de vida e nos padrões de consumo das sociedades, com a formação de grandes centros urbanos; entre outros.

Outra interessante definição para economia vem da *escola neoclássica*. Para esta corrente de pensamento, a economia se caracteriza como uma ciência que estuda as trocas e as escolhas dos indivíduos de uma sociedade. Para seus principais autores, entre os quais aqui destacamos Leon Walras (1834-1910) e Alfred Marshall (1842-1924), a economia é a ciência que estuda como os agentes se comportam quando se deparam com a escassez de recursos, contraposta às ilimitadas necessidades humanas.

Por isso, para eles, a economia se posicionaria como uma ciência cujo campo de estudo se baseia na busca por explicações sobre a forma como os indivíduos de uma sociedade alocam seus recursos para a produção de bens e serviços, tentando satisfazer as necessidades desta mesma sociedade da melhor forma possível. Nesse sentido, haveria determinada maneira de alocar os recursos existentes (mão de obra, capital, máquinas, recursos naturais etc.) para produzir bens e serviços que levariam esta economia a um estado de bem-estar considerado ótimo, ao menos do ponto de vista quantitativo. É por isso que Leon Walras é considerado o precursor de um campo de estudo muito difundido nas ciências econômicas: aquele que matematiza as decisões dos indivíduos buscando um ponto de equilíbrio geral, ou seja, quando toda a sociedade (indivíduos, firmas, governos etc.) estaria plenamente satisfeita com sua produção e alocação ou distribuição de bens e serviços.

Foram esses e outros tantos autores, e a maturidade das percepções sobre os eventos e fenômenos que circundam a sociedade, que permitiram que hoje pudéssemos pensar em uma definição para a ciência econômica que não se prende a delimitações teóricas de um ou outro período, mas que agrega diversas formas de pensamento num desenho amplo de uma teoria que tem por objetivo principal a observação dos indivíduos e suas ações dentro de uma sociedade.

1.3. A economia cotidiana: definições para o dia a dia

Uma das formas mais comuns e democráticas de definir economia é dizer que esta é uma *ciência que estuda a alocação de recursos escassos*, buscando, dentro de seus *contextos*, otimizar o *bem-estar* de uma sociedade. Esta breve definição está, sem dúvidas, repleta de conceitos que merecem nossa atenção.

Começamos pela *questão alocativa*: a economia pressupõe que os agentes saibam fazer escolhas. As escolhas podem ser diversas: desde decisões individuais como esta que você fez agora, quando decidiu ler este livro ao invés de assistir uma série na TV, até decisões coletivas, como aquelas que envolvem as decisões governamentais de elevar o auxílio monetário das famílias mais pobres frente à possibilidade de fornecer melhorias nos serviços de saúde e educação públicas.

Dentro dessas escolhas, aparecem as *restrições*: os agentes sempre estão escolhendo o que vão querer e, automaticamente, tudo aquilo que também decidiram renunciar. Se pudéssemos, certamente gostaríamos de não ter que escolher entre o estudo da economia e a série na TV: faríamos as duas coisas! E por que não podemos fazer ambas as atividades, se entendemos que as duas nos causam satisfação? Bom, lembre-se que seu tempo certamente é limitado, e se você precisa escolher entre essas duas possibilidades é porque executar ambas não é factível em sua restrição temporal.

Nesse sentido, sempre estamos lidando com a *escassez*: nossos recursos têm finitude, e por isso precisamos pensar qual é o melhor passo a ser dado. Nosso tempo é escasso, nosso dinheiro é escasso, os recursos para produzir bens e serviços também são escassos.

A escassez é a grande responsável pelo desenvolvimento do raciocínio econômico, na medida em que ela nos faz pensar em qual deveria ser nossa atitude frente aos desafios que nos aparecem ao longo da vida. Decidimos como alocamos nosso tempo nas atividades diárias, como repartimos nosso salário no pagamento das contas, como dividimos os trabalhadores existentes na economia entre as diversas atividades econômicas de um país. Nós adoraríamos não ter que escolher! Mas temos *restrições*, e nos cabe entender *qual é a melhor escolha* a se fazer, pensando em obter o *melhor resultado*.

E o melhor resultado leva em consideração aquilo que torna uma sociedade feliz. Uma sociedade obtém *bem-estar* na medida em que seus agentes se sentem felizes com o resultado da atividade econômica. Por isso, escolhas bem-feitas são aquelas que conseguem gerar satisfação para uma sociedade em determinado contexto.

Mas o *contexto* no qual as escolhas acontecem pode variar, o que torna o resultado das escolhas muitas vezes único. Afinal, aquilo que é considerado ótimo para uma família de classe média alta americana não necessariamente será a melhor escolha para uma família de classe baixa moradora do subúrbio paulista. Do mesmo modo, uma política econômica considerada adequada para um determinado momento não necessariamente o será vinte anos depois, quando as características desta sociedade tiverem mudado. É importantíssimo, dentro desse cenário, considerar o contexto onde cada escolha acontece, e quais as consequências desta para os agentes que dela participarem direta ou indiretamente.

Nesse sentido, e de forma resumida, admitimos que as necessidades da sociedade são ilimitadas dentro de suas particulares formas, frente a recursos que são limitados, ou seja, finitos pela sua própria natureza. Essa mesma sociedade precisará entender de que forma combina tais recursos para produzir produtos ou serviços, e de que forma eles serão distribuídos para seus agentes, gerando o maior nível de satisfação possível. **Isso é economia, em sua forma ampla, indicada pela escolha dentro da sociedade.**

É por isso que comumente entendemos a ciência econômica como a *ciência da escassez*, ou aquela que procura entender como a sociedade, ao tomar as decisões de forma *racional*, contorna os reveses causados pelas limitações que enfrenta. E as escolhas sociais são muitas: o que a sociedade deve produzir, quais recursos deverão ser utilizados para produzir, para quem deverá destinar essa produção, de que forma dividirá esse produto entre seus agentes.

A *racionalidade* aqui é um elemento importante. A sociedade, levando em consideração seus contextos e particularidades, precisará saber aquilo que prefere, o que gosta ou precisa com maior ênfase. Ela precisará saber ordenar suas necessidades, pois dessa forma entenderá que, diante de maior ou menor limitação, deverá abrir mão daquilo que causa menor bem-estar, em detrimento às escolhas que possam gerar maior felicidade.

Sobre as bases desta ampla e detalhada definição sobre a ciência econômica, decorrem, entre tantas formas de pensar, o que é, afinal, a economia de uma forma prática e bem cotidiana. Muitas outras variáveis estão envolvidas dentro das tais escolhas sociais, sempre desenhando a necessidade de escolhas que aconteçam em ambientes de restrição. Justamente por isso, podemos pensar que, de maneira pontual, a economia estuda:

- as maneiras pelas quais os ganhos de uma sociedade podem ser repartidos entre seus agentes;
- como determinamos os salários de uma forma economicamente justa;
- de que maneira países se relacionam, como trocam bens e serviços, e quais são as regras para que estas trocas aconteçam de forma harmônica para todos;
- as formas de comportamento do mercado financeiro, e seus impactos para todos os agentes econômicos (inclusive aqueles que não participam ativamente deste mercado negociando ativos);
- alternativas para reduzir problemas sociais que podem ser fruto de uma distribuição de renda desigual;
- possibilidades de fornecer à sociedade os elementos que lhe são importantes para o aumento da produtividade, para o crescimento econômico e para o desenvolvimento social; entre outros.

Todas essas formas de pensar o estudo da economia têm em comum um único princípio: as pessoas têm necessidades e fazem suas escolhas. Essas escolhas, sejam feitas individual ou coletivamente, determinam resultados que estarão, certamente, condicionados a restrições. Entender como essas restrições mudam nossas escolhas, e de que forma fazemos nosso melhor na busca de resultados satisfatórios, é a essência desta ciência que estamos aqui estudando.

Por isso, tenhamos em mente que estudaremos atividades econômicas, ou seja, ações e decisões que terão por pilar *satisfazer as necessidades*, materiais ou de serviços, de uma sociedade e dos indivíduos que a formam, levando em consideração o conjunto dos trabalhos que contribuem para a criação do produto social, fruto das atividades compreendidas pela divisão social do trabalho.

Isso faz da economia uma ciência social, na medida em que estuda o comportamento das pessoas dentro de contextos sociais organizados a seu modo. Mas ela também é uma ciência exata, na medida em que o posicionamento das restrições acontece com o conhecimento profundo desta mesma sociedade, traduzido cada vez mais em informações e dados, nem sempre facilmente organizados, que fornecem o verdadeiro pano de fundo onde a escolha e a tomada de decisões ocorrem. E nunca é demais lembrar: com desejos ilimitados e recursos cuja escassez é uma característica real, saber escolher torna-se essencial. Basta saber como podemos entender quais são, de fato, as melhores escolhas.

1.3.1. Sobre recursos, bens e serviços

Antes de seguirmos adiante, é importante esclarecermos um pouco o significado de recursos, bens e serviços, termos tão importantes nas definições básicas do estudo da economia.

Podemos admitir que um *bem* é tudo aquilo que pode ser utilizado para satisfazer necessidades ou desejos humanos. Esses bens podem ser escassos ou não, ou ainda podem ser bens que desejamos pagar mais por eles ou menos, dependendo de nossas preferências. Vamos aprofundar esses conceitos e definições.

Sobre os tipos de bens, temos:

1. **Bens livres** ou **ilimitados** – são aqueles que, no geral, são produto da ação da natureza, e não possuem limitações, ou seja, estão na natureza em oferta ilimitada. Justamente por isso (sua grande disponibilidade), é muito difícil (e às vezes até mesmo impossível) atribuir preços a eles. O ar, a água, a luz do sol são exemplos de bens que se classificam nesta categoria;

2. **Bens econômicos** – são os bens cuja escassez é uma realidade. São os produtos nos quais a produção depende da ação humana, ou seja, existe a necessidade de se combinar máquinas, equipamentos, tecnologia e mão de obra para transformar a matéria-prima em algum produto que possa ser utilizado para satisfazer necessidades das pessoas. Uma vez que os recursos disponíveis na economia são limitados, a produção desses bens também é limitada. É por isso que eles também são chamados de bens *limitados* ou de *oferta limitada*. Uma vez que estão, portanto, sujeitos à escassez, esses bens têm preço sempre definido no conjunto entre oferta e demanda.

> Os bens econômicos podem ser físicos ou não. Se forem *físicos*, chamamos comumente, e de forma bem genérica, de *bens* (muito embora você também vai ouvir termos como *bens materiais* para esse conjunto de produtos). Para esse tipo de bens, são exemplos os livros, os celulares, as roupas, e tudo aquilo que pode ser de fato tocado.
>
> Caso os bens não sejam físicos, sendo portanto intangíveis, são chamados de *serviços*. São exemplos de serviços: a consulta de um médico, a aula de um professor, ou ainda o atendimento de um dentista.

Os bens materiais ou físicos também podem ser subclassificados em *bens de consumo* ou *bens de capital*.

Bens de consumo são os bens destinados diretamente à *satisfação das necessidades pessoais*. São os produtos que adquirimos por gosto ou necessidade, sempre com intenção de satisfação, e podem ser *duráveis* (quando você utiliza ou consome o mesmo produto diversas vezes, como por exemplo uma geladeira, ou até mesmo um automóvel) ou *não duráveis* (quando o consumo acontece em algum momento do tempo e um novo consumo só ocorre mediante nova aquisição, como por exemplo uma garrafa de água, ou a gasolina necessária para você se locomover com seu automóvel, ou ainda os alimentos).

Já os *bens de capital* são aqueles bens utilizados durante o processo produtivo, e que possibilitam a produção de outros bens. No geral, são as máquinas, equipamentos, ferramentas, ou até mesmo a tecnologia, e são comumente utilizados nas cadeias produtivas para transformar matérias-primas ou insumos em produtos que possam ser consumidos efetivamente.

Outra classificação importante é aquela que separa *bens finais* e *bens intermediários*.

Os *bens finais* são aqueles que já tiveram seu processo produtivo finalizado, ou seja, já passaram por todas as etapas produtivas necessárias e encontram-se aptos a serem colocados à disposição da sociedade para consumo. Quando vamos à padaria comprar o pão francês para o café da manhã, estamos consumindo um bem final. O pãozinho já teve sua cadeia produtiva concluída: o trigo já foi transformado em farinha, e a farinha foi transformada em pãozinho (em ambos os casos através da utilização de máquinas, equipamentos e tecnologia). Está pronto, portanto, para satisfazer as necessidades dos consumidores, ávidos por esse produto no café da manhã: é um bem final.

Em contraposição aos bens finais, os *bens intermediários* são aqueles que ainda sofrerão transformações até se tornarem, de fato, bens finais. Sobre esses bens ainda serão aplicados bens de capital e mão de obra para que possam ser transformados. Basicamente, estamos falando de matérias-primas e insumos, necessários para a produção de bens finais. A farinha de trigo para a produção do pãozinho é um exemplo de bem intermediário.

1.3.2. Um adendo sobre as definições de sistema econômico e mercado

O desenvolvimento e compreensão das definições que rondam a ciência econômica levam a uma curiosidade natural sobre o que significa o quase formal sistema econômico. Mais ainda, existe toda uma mistificação do que o tal "mercado" e seus efeitos dentro do ambiente econômico em si. Tais conceitos ou definições são apenas traduções orgânicas e cotidianas da presença da teoria econômica em nosso dia a dia.

O sistema econômico pode ser pensado como a forma na qual a sociedade, e seus participantes, estão organizados, compreendendo tal organização no âmbito político, social e econômico propriamente dito. De forma direta, é a maneira como a sociedade se organiza ao redor de regras e regulamentos, formais ou informais (e nesse caso com uma ênfase importante naqueles que governam a maior parte das tomadas de decisão por parte dos indivíduos), garantindo o funcionamento adequado de suas atividades. As interações entre os diferentes pilares que sustentam essa sociedade possibilitam, de forma muito assertiva, que esta mesma sociedade possa produzir de forma adequada, trocar bens, serviços e fatores produtivos de maneira organizada, e distribuir ou se apropriar do resultado final de sua produção.

Nesse mesmo cenário, surge a imagem emblemática, e para muitos mitológica, do mercado. O que seria, num ambiente com necessidade de escolhas e motivado por inúmeras restrições econômicas, o tal mercado?

Se pensarmos no significado puro e simples da palavra, mercado é uma reunião de compradores e vendedores, cujo principal interesse é trocar seus bens e serviços, conferindo ganhos através das possibilidades de negociação. Nesse sentido, todo tipo de evento derivado deste fenômeno de negociação faz parte desse mesmo desdobramento de mercado: lucro, prejuízo, preço de negociação, quantidade negociada de forma ótima.

Uma definição mais apurada desse mesmo significado nos permite entender o que significa o conceito “mercado” em economia, de uma forma ampla e bem democrática, que serve para qualquer setor, qualquer economia, em qualquer momento do tempo: o mercado é, nesse sentido amplo, o conjunto de relações comerciais baseadas em trocas que geram equilíbrio ou igualdade entre a quantidade de bens que é ofertada e quantidade de bens que é demandada por determinada sociedade.

Tais relações equilibram o mercado à medida que, sendo o preço uma variável utilizada como conciliadora dentro desse cenário de possíveis desequilíbrios, quando temos mais oferta de determinado produto do que demanda por este mesmo produto, o valor que a sociedade atribuirá a ele tende a cair (dada a sua baixa escassez), traduzindo-se em uma queda de preços. Uma vez que os preços estarão mais baixos, consumidores que antes não mostravam interesse por esse produto passam a fazê-lo, compreendendo que agora o valor a ser pago corresponde a quanto eles atribuem de valor ao produto, elevando sua demanda e fazendo com que, a determinado preço, não exista nem excesso nem escassez daquele bem no mercado. O equilíbrio então se apresenta, mostrando como são as regras que regem esse mercado: sempre uma busca por ajustar variáveis que levem à melhor escolha, acabando com qualquer tipo de falta ou sobra.

Neste momento, é importante lembrar que você não deve se preocupar tanto em compreender como um preço pode ser definido dentro do mercado: apenas pense que é a escassez do diamante que o torna um produto caro. Justamente por isso, quanto mais comum ou quanto maior a disponibilidade de um bem, menor será seu preço para que tenhamos relações equilibradas na economia. Nos próximos capítulos, essa ideia será ainda mais desenvolvida, com detalhes e exemplos que nos ajudarão a compreender os mecanismos de oferta e demanda que regem as regras deste mercado econômico.

1.4. A importância das teorias e dos modelos

Veremos, ao longo das próximas páginas, que a economia tem uma preocupação muito evidente com modelagens e previsões. Estudamos economia querendo entender, como já mencionamos, fenômenos econômicos que expliquem o comportamento de sociedades, mas saber apenas o que aconteceu no passado não é suficiente: nós queremos compreender o momento presente e utilizar os conhecimentos adquiridos para traçar rotas que nos levem ao futuro que desejamos (ou ao menos entender quais são as verdadeiras perspectivas para que ele de fato aconteça).

Nesse aspecto, a economia é uma ciência como muitas outras, que compreende que o que já aconteceu, aquilo que já foi feito ou que já foi vivenciado auxilia na compreensão de fenômenos e situações que desenham um diagnóstico para o momento atual. Esse diagnóstico, ou o famoso "onde estamos", nos facilita pensar possibilidades, corrigir rotas, traçar novos roteiros e chegar àquilo que nós desejamos ser.

Justamente por isso, teorias são fundamentais no estudo da economia. As teorias são um conjunto de pressupostos e conhecimentos organizados que, aplicados à área econômica, auxiliam na compreensão de fenômenos e situações. São elas que nos auxiliam a conectar variáveis de forma correta, explicando o desencadear de fatos e sinais que são fundamentais para compreender relações existentes entre os agentes econômicos, e traçar possíveis desdobramentos em cenários ou momentos do tempo.

Uma das formas de apresentar ou representar uma determinada teoria é através de um modelo. Os modelos são formas simplificadas de explicar a realidade, salientando as principais características do conhecimento econômico extraído até então.

É uma forma enganosa pensar que um modelo se traduz apenas de forma matemática: por ser um conjunto de conexões entre variáveis e fenômenos, os modelos podem ser representados por diagramas, dados, representações gráficas, textos logicamente organizados, ou até mesmo por equações que representem tais relações. O princípio, no entanto, é que o modelo seja uma forma mais simples de pensar o mundo do que a realidade, para que seja possível manipulá-lo, e assim possamos tirar conclusões a respeito de seus resultados.

Tanto para definir uma teoria quanto para desdobrá-la num modelo, é preciso que tenhamos consciência dos pilares que permitem que estes sejam sustentáveis, e explicativos da realidade. São eles:

1. *Decidir aquilo que desejamos compreender ou explicar* é o primeiro passo para que estes instrumentos possam ser construídos de forma adequada. Nesse aspecto, uma visão clara e límpida do que se pretende estudar é essencial para seu desenvolvimento, permitindo a *definição de variáveis e situações* que nos auxiliem nesta compreensão;
2. Um passo relevante para a especificação de teorias e modelos é a *definição dos pressupostos e suposições* que estamos considerando. Os pressupostos são as pré-condições consideradas, ou aquilo que estamos tomando como ponto de partida. As suposições são as métricas que acreditamos serem relevantes no problema que estamos tentando entender, compreendendo que estas podem mudar de acordo com

a forma como enxergamos o problema, ou como decidimos testá-lo;

3. A partir do estabelecimento de suposições, podemos *definir a hipótese que desejamos testar*, além de colocá-la à prova em nossa teoria, confrontando-a com a realidade. Essa hipótese deve ser factível, além de possível de ser testada, para que possamos entender formas de usar dados e informações para verificar se a hipótese faz sentido do ponto de vista econômico. Além disso, é condição necessária que se possa comparar os resultados previstos pelo modelo com a realidade: afinal, para que serviriam os modelos se não houvesse nenhum compromisso com a compreensão do mundo real?;
4. Se tivermos evidências suficientes que a teoria se encaixa aos eventos verificados no mundo, esta pode ser considerada uma forma interessante de racionalizar a realidade, desdobrando-se em modelos e relações razoáveis. Caso as evidências não gerem suporte necessário à realidade, a teoria não pode ser desdobrada em um modelo, uma vez que não consegue racionalizar adequadamente o mundo real.

1.5. Como as teorias e modelos econômicos se distribuem nas diversas formas de se compreender economia

As teorias e modelos se dividem em algumas áreas de estudo na economia. As principais são a macroeconomia e a microeconomia.

1.5.1. Macroeconomia

A palavra "macro", que em grego significa grande, já nos dá o tom do que estudaremos nessa parte da economia.

A macroeconomia é a parte da economia dedicada ao estudo, medida e observação da economia de uma forma completa: literalmente, é a parte do estudo da economia como um todo, seja ela regional ou nacional. Nesse aspecto, essa parte do estudo da economia se preocupa em estudar fenômenos de forma completa em economias complexas, formadas por diversos agentes, diversas unidades produtivas e diversos setores. O estudo da macroeconomia preocupa-se, portanto, em estudar efeitos que são generalizados, sem criar particularizações com agentes específicos.

O termo macroeconomia teve origem na década de 1930 a partir da Grande Depressão em 1929[1], onde foram intensificadas a urgência do estudo das questões macroeconômicas, ou seja, das questões que estudam e compreendem a economia em sua completude, ponderando a importância do funcionamento desta na interação entre inúmeros agentes produtivos dentro de um mesmo contexto.

A primeira grande obra literária macroeconômica para a maior parte dos economistas é o livro *Teoria Geral do Emprego, do Juro e da Moeda*, do economista britânico John Maynard Keynes[2], considerada uma das mais importantes obras dentro da literatura econômica. Keynes, inclusive, é considerado um dos grandes teóricos da macroeconomia, dando origem à Revolução Keynesiana.

A obra de Keynes desafiou vários dos conceitos usualmente aceitos pela escola econômica clássica, que antecedeu

---

[1] Disponível em: https://pt.wikipedia.org/wiki/Grande_Depress%C3%A3o

[2] Disponível em: https://pt.wikipedia.org/wiki/John_Maynard_Keynes

o keynesianismo e cujo princípio era de que a economia deveria ser regida pelas leis de mercado, e com baixa ou nenhuma interferência de agentes como o governo nesse equilíbrio (é o princípio do liberalismo econômico, que prevê que são as regras da oferta e da demanda que fazem com que a economia encontre seu funcionamento ideal).

Os ensinamentos advindos desta e das demais obras de Keynes trouxeram uma visão mais realista e apurada dos ciclos dentro do cenário econômico, bem como a importância de políticas de princípios fiscais e monetários para a economia. Isso porque, naquele momento de grandes desarranjos econômicos e financeiros, em que o mundo observava inflação e recessão, com elevadas taxas de desemprego, a ação de agentes como o governo poderia reduzir a amplitude que a economia teria que passar naturalmente até retornar ao estado de crescimento econômico minimamente aceitável.

Neste contexto econômico e histórico foi possível definir a macroeconomia como o campo da economia que concentra-se no estudo do comportamento agregado de uma economia, ou seja, das principais tendências e movimentos que delimitam o comportamento econômico de uma sociedade, especialmente no que diz respeito ao volume de produção, à geração de renda, ao uso eficiente de recursos produtivos, ao comportamento dos preços e ao comportamento do comércio exterior. Uma das finalidades da macroeconomia é, portanto, não apenas identificar esses efeitos, mas também medi-los.

Uma outra forma de compreender a macroeconomia é entendê-la como a parte da economia que estuda o comportamento dos agregados macroeconômicos, fundamentais para que possamos fazer o *diagnóstico* de uma economia (ou seja, compreender como a economia chegou àquele ponto, como sua sociedade reagiu àquela delimitação econômica) e posteriormente prescrever soluções ou políticas que poderão ser (ou não) suficientes para que os objetivos sejam alcançados.

Os objetivos da macroeconomia são, nesse desenho, o crescimento da economia, o pleno emprego, a estabilidade de preços e o controle inflacionário, entre outros. Por isso, são variáveis fundamentais no estudo da macroeconomia: PIB (Produto Interno Bruto), renda, despesa, consumo, investimento, gastos públicos, tributos, subsídios, exportações, importações, taxa de inflação, desemprego, taxa de juros, taxa de câmbio, quantidade de moeda em circulação, entre outros.

Concluindo, de maneira mais geral (e certamente muito menos formal), a macroeconomia nos dá uma visão telescópica da economia, já que não utiliza um elemento representativo (ou seja, não há o consumidor que representa todos aqueles de sua classe, e também não há um setor que seja o objeto de estudo). Por isso, olhará as variáveis econômicas de forma absoluta, agregada, e muito menos detalhada. É como se estivéssemos preocupados em estudar uma floresta, com todas as suas características, sem nos preocuparmos como determinadas características ou eventos afetam uma ou outra árvore: queremos entender a floresta como um todo.

1.5.2. Microeconomia

Novamente, o significado da palavra "micro" (que, em grego, significa pequeno) poderá nos ajudar a compreender o que a microeconomia estudará.

A microeconomia é definida como a parte da economia que estuda o comportamento econômico individual, seja ele de consumidores, de firmas ou de setores, bem como a distribuição da produção e rendimento entre eles. Conectando com o exemplo dado na parte final da última sessão, é como se, neste caso, estivéssemos preocupados em compreender como algum evento (como por exemplo um verão mais intenso e chuvoso) geraria impacto no crescimento e evolução de um tipo específico de árvore, e não nos preocupando em compreender os efeitos na floresta toda. É, portanto, um estudo mais focado, que pede um olhar mais atento e sistematizado sobre o agente que será estudado.

A microeconomia é considerada a base da moderna teoria econômica, já que se concentra no estudo das relações fundamentais na economia. Começamos pelas famílias: elas são consideradas as fornecedoras dos fatores de produção (trabalho e capital, por exemplo), além de também serem demandantes de bens de consumo que são produzidos por essa economia. As famílias, enquanto consideradas consumidores dentro das sociedades, estão sempre preocupadas em tornar máximo o seu bem-estar, a partir de determinada quantidade de dinheiro que conseguem fornecendo seu trabalho ou seu capital no mercado.

As firmas são outro grupo importante de estudo da microeconomia: elas são consideradas demandantes de trabalho e fatores de produção nas economias, além de fornecedoras de produtos para as famílias. Assim, entram na economia com o intuito de tornar máximo seu lucro, considerando a existência de custos de produção, e das prováveis receitas que poderão obter no mercado.

Em ambos os casos (seja para famílias, seja para firmas), o mecanismo primordial para que estes agentes sejam compreendidos dentro dos princípios microeconômicos se baseiam no entendimento das ofertas e demandas envolvidas em cada problema.

A microeconomia também procura analisar o mercado e outros tipos de mecanismos que definem os preços de uma economia, em especial os preços dos produtos e serviços, alocando de modo alternativo os recursos dos quais os indivíduos dispõem. Assim, neste campo de estudo da economia, o estudo da formação de preços dos produtos finais e dos fatores de produção é primordial, como consequência das características do mercado, geralmente competitivo.

A microeconomia também estuda as interações que ocorrem nos mercados em função da informação existente e da regulação do Estado. As características de um mercado são analisadas em seus detalhes, em especial os perfis de concorrência (que pode ir de uma concorrência perfeita até seu oposto, numa estrutura totalmente monopolizada), e são essas mesmas características que indicarão as possibilidades de criação (ou não) de eficiências de mercado.

Justamente por isso, é muito comum dizermos que a microeconomia é a parte da economia que estuda agentes ou elementos representativos, ou seja, aqueles dos quais queremos entender melhor determinados efeitos, ainda que de forma agregada (na macroeconomia) o efeito possa ser diferente.

Por fim, é possível dizer que, em termos mais gerais, a microeconomia dá uma visão microscópica de fenômenos econômicos e sociais, sempre pensando que a solução de tal problema, ou mesmo sua compreensão, é feito de forma individual.

2
O Pensar do Economista: Princípios Básicos para Compreender o Dia a Dia

Você já parou para pensar o que diferencia o economista de outros tantos profissionais dentro do mercado? Várias profissões, se não todas, pensam em tomadas de decisão: precisamos escolher sempre, entre inúmeras possibilidades, aquela que mais nos atende.

No caso do economista, o objetivo de análise realmente é específico, mas há mais particularidades do que apenas o escopo delimitado pelas macro e micro áreas de conhecimento da ciência econômica. Um dos grandes diferenciais do estudo desta ciência é compreender como um economista deve pensar.

O modo de pensar do economista é muito específico, e é o que o diferencia de outras profissões: ele compreende o problema a ser estudado da ótica da teoria econômica, aplica conceitos e percepções para desenhar uma solução e avalia posteriormente, sempre com o mesmo modo de pensar. Mas afinal, como o economista pensa? Para respondermos essa questão, vejamos, de forma resumida, alguns dos princípios básicos que regem ou governam essa forma de pensar tão específica.

2.1. As pessoas se deparam, na vida, com relações custo x benefício

Na vida, as pessoas estão continuamente tendo que fazer escolhas. Quando pensamos em economia, isso é ainda mais comum: como os recursos são sempre escassos e limitados, é fundamental que as pessoas entendam como fazem suas escolhas. Para compreender essa ação, elas precisam entender o que ganham com cada escolha, e o que elas renunciam quando optam por algo. É uma relação custo x benefício, tão utilizada no dia a dia em praticamente tudo que escolhemos.

É justamente por causa da necessidade de se fazer escolhas que dizemos que as pessoas se deparam com *trade-offs*. Mas o que são os *trade-offs*? São as trocas ou renúncias que as pessoas fazem, dentro de cada escolha ou de cada ação que elas precisam tomar.

Quando escolho, após o almoço, uma fatia de pudim, eu renunciei à torta de chocolate e à salada de frutas, que também estavam disponíveis. Quando escolho passar férias na praia, eu renunciei às férias nas montanhas. Quando decido ir de ônibus para o trabalho, renunciei em ir a pé.

Os economistas sempre pensam nas renúncias, às vezes mais até do que em suas escolhas propriamente ditas. E note que os *trade-offs* não são apenas monetários: eles na verdade são renúncias, que podem estar relacionadas a diversas dimensões.

2.2. As pessoas pensam em custos de oportunidade

Olhar os *trade-offs* é fundamental em qualquer escolha, mas também é importante saber quantificar, seja em termos monetários ou em termos de bem-estar, o peso de suas renúncias. Quando fazemos esse cálculo, e ponderamos nossas escolhas de forma mais precisa através desses parâmetros, estamos pensando em custos de oportunidade.

Custos de oportunidade se referem ao custo da oportunidade perdida: literalmente, quanto nos custa ir para a praia quando nossa outra alternativa seria ir para as montanhas? Existe, sem dúvida, uma interface monetária: praia e montanha possuem custos diferentes em determinados momentos do ano, e eu posso preferir escolher aquela alternativa que mais se encaixa ao clima em cada estação do ano. Mas há também outros custos intrínsecos nessa escolha: quando eu escolho ir para a praia, desagrado meu marido, que prefere as montanhas, e eu terei que lidar com seu desagrado pela escolha feita. Note: nesse aspecto, não há uma questão monetária, mas uma questão qualitativa envolvida em minha escolha. Será que valerá a pena vê-lo incomodado com o calor para aproveitar dois ou três dias de praia? Se minha resposta for sim, certamente o benefício de ir à praia para mim é maior do que o custo de aturar o desagrado de meu esposo. Isso mostra que eu calculei o custo da oportunidade perdida, e optei pela outra escolha.

Economistas baseiam suas escolhas nas oportunidades perdidas: calculam quanto custa deixar uma escolha, e só escolherão determinada oportunidade quando entenderem que o benefício gerado por ela é maior do que o custo de deixar outra alternativa para trás.

2.3. As pessoas racionais pensam na margem

Ser racional é saber ponderar custos e benefícios, olhar os tais custos de oportunidade, e fazer as melhores escolhas. Tudo isso é feito considerando toda a informação existente: você sabe quais são as suas alternativas para passar as férias fora de casa, conhece os custos envolvidos de todos os locais possíveis ou elegíveis, quais são as características de cada local, e inclusive sabe como foram as experiências anteriores, suas e de conhecidos, em cada uma das localidades. Considerando todas essas informações, você é capaz de tomar a melhor decisão, entendendo qual alternativa trará maior satisfação para você e sua família.

Mas, alternativamente, pode ser que você queira ficar na praia por 8 dias, ao invés de 7 dias como era sua proposta inicial. Será que você deve aumentar sua estadia?

A decisão levará em consideração muitos fatores, mas note que a decisão já está tomada: você passará ao menos 7 dias na praia. Para decidir se vai ficar o 8º dia, você possivelmente checará às condições climáticas para esse dia adicional, bem como o valor de sua estadia, o trânsito que irá pegar no seu retorno *vis-à-vis* o trânsito que pegaria regressando no 7º dia, e o tamanho da satisfação que esse novo dia de sol e mar trará. Se você concluir que há mais benefícios do que custos, você permanecerá mais um dia na praia.

Note que você ponderou os fatores deste dia adicional, e não os fatores que te levaram a escolher passar os outros 7 dias neste destino. Você pensou *na margem*.

Pensar na margem leva em consideração que estamos pensando numa adição significativamente pequena, numa condição de acréscimo a uma determinada situação, já dada, e que os demais elementos de nossa análise permanecem imutáveis, constantes. Não estamos olhando a satisfação de todo o período para decidir, ou não, pelo 8º dia: estamos pensando somente no que este dia adicional nos dará, isolando outros tantos fatores que poderiam alterar nossa escolha.

Economistas no geral pensam na margem, pois somente assim conseguem saber até onde determinadas políticas ou ações devem existir. Talvez nem sempre seja bom aumentar a tributação; mas, possivelmente, em alguns cenários o acréscimo de tributos poderá gerar mais benefícios do que problemas a uma sociedade. Se a resposta for positiva, e houver possibilidade, o aumento de tributação poderá gerar um ganho, e se assim o for, o racional econômico nos diz que devemos optar por essa decisão.

2.3.1. O que significa "ceteris paribus" e por que essa expressão é tão importante na economia?

Uma forma correlata de pensar em efeitos na margem é considerar os efeitos sob a percepção *ceteris paribus*. Mas, o que afinal isso significa?

Quando uma análise econômica é feita, consideramos que apenas um fator ou elemento muda, sendo os demais mantidos constantes. Fazemos isso porque no geral queremos compreender como algum tipo de alteração ou mudança afeta o resultado da alocação econômica naquele contexto. Se deixarmos todas as variáveis mudarem no mesmo momento, talvez nunca saibamos como uma determinada alteração afeta a economia e muito menos em qual intensidade isso acontece.

Dessa forma, a expressão em latim *ceteris paribus* representa justamente isso: estamos isolando outros efeitos que não aquele que, naquele momento, nos interessa estudar.

Pensar no *ceteris paribus* é, ao menos parcialmente, também uma forma de pensar na margem: estamos sempre observando como alterações relativamente isoladas geram mudanças na nossa economia. Isolamos, assim, efeitos que poderiam confundir nossa percepção das relações de causa e efeito, tão fundamentais no estudo da economia.

Desse modo, sempre que você observar em alguma análise econômica essa expressão, saiba que estamos considerando uma análise cujos efeitos são modificados por apenas um choque ou variação, sendo os demais elementos mantidos constantes naquele momento. Sempre que você for efetuar uma análise econômica, delimite quais são as suas variáveis e efeitos de interesse, isole ou desconsidere alterações em outras variáveis, e pense em como os efeitos acontecem de forma isolada. Você estará naturalmente pensando em efeitos *ceteris paribus*, ou seja, tudo o mais constante.

2.4. As pessoas reagem a incentivos

Sempre que precisamos fazer algo, ou decidir por alguma coisa, somos motivados por algo. Trabalhamos porque queremos consumir bens e serviços. Fazemos dieta porque queremos ter mais saúde e viver melhor. Economizamos porque temos intenção de fazer uma viagem com a família. Tudo isso nos move. Tudo isso nos incentiva.

Muitas vezes, os incentivos são nossos planos. Por outras vezes, são situações que exigem algum tipo de ação. Fazemos um curso de inglês porque o trabalho nos pede uma qualificação maior para um salário mais atraente. Gastamos menos energia porque a tarifa cobrada pela concessionária é mais alta para perfis de consumo mais elevados. Trocamos a marca da manteiga que consumimos no café da manhã porque aquela marca que compramos da última vez está 20% mais cara. Nossas ações são pautadas em escolhas, que acontecem quando reagimos a determinadas situações ou ocasiões, ou ainda quando temos planos que nos movem em direção a algum objetivo.

Saber que o ser humano reage a incentivos torna a economia uma ciência não só mais interessante como também de compreensão mais simples de seus objetivos. Os mercados colocam grandes faixas de promoção em suas portas sabendo que os consumidores preferirão pagar mais barato: assim, os incentiva. A empresa responsável pelo abastecimento de água cobra mais caro pelos metros cúbicos de consumos mais elevados: ela está nos incentivando a gastar menos água, ou a pelo menos controlar os vazamentos. O governo nos cobra multas caso atrasemos a entrega do Imposto de Renda: ela está nos incentivando a cumprir com nossas obrigações enquanto cidadãos nos prazos estipulados.

2.5. Economias que funcionam sob as regras do mercado têm sua atividade econômica organizada de forma mais eficiente

Quando pensamos em economias que se organizam através de regras de mercado, estamos pura e simplesmente indicando que são economias cujas regras de oferta e demanda valem, ou seja, onde escassez e abundância determinam preços e, consequentemente, incentivam pessoas a comprarem produtos ou ofertantes a elevarem sua oferta, entre tantos outros possíveis arranjos.

Logo, o que queremos dizer é que em economias cujas regras da teoria econômica são válidas em seus princípios mais básicos, existem resultados que geram maior bem-estar para a sociedade como um todo.

Pense em mercados nos quais preços são definidos por um único ofertante, sendo este o único que também fornece o produto. Este certamente ficará satisfeito se cobrar, de cada consumidor, a quantidade máxima que estes estariam dispostos a pagar pelo produto. Esse tipo de caso, muito comum em monopólios, incita uma diferenciação de preços: o preço é definido para cada comprador de forma individual, e traz ganhos, no geral, exorbitantes, na medida em que se cobra preços mais elevados de quem está mais disposto a pagar mais pelo produto (e essa disposição pode ser fruto de uma questão de sobrevivência), e preços mais baixos para aqueles que mostram menor disposição. Em breve, veremos o que são monopólios e como funcionam, e esta colocação ficará muito mais clara.

No caso descrito acima, quem fica satisfeito é o dono da empresa que consegue ter lucros extraordinários. As pessoas, que estão pagando muito mais por um produto, certamente encontram-se chateadas com essa situação: elas entendem que, se estivessem pagando um preço factível (ou o preço justo, para muitos), poderiam pagar menos, o que lhes conferiria a possibilidade de utilizar parte de seus recursos para comprar outros bens. Esta última situação certamente faria com que essas pessoas se sentissem muito mais felizes do que na situação de monopólio.

Esse é o típico arranjo no qual a alocação econômica feita fora das regras de mercado se mostra pouco eficiente: ela deixa um agente muito feliz, em detrimento a muitos outros insatisfeitos.

Caso tivéssemos o mercado agindo nesse mercado hipotético, teríamos não apenas um produtor, mas inúmeros, todos competindo pelo consumidor. Os consumidores também seriam inúmeros, e certamente a "disputa" entre consumidores querendo comprar um produto e produtores produzindo este mesmo produto levaria a um equilíbrio onde, definido um preço, todos estivessem satisfeitos nesse mercado: consumidores entenderiam que estão pagando o preço, produtores teriam a percepção de que estão ganhando um valor que recompensa seus custos. No coletivo, a sociedade estaria melhor.

2.6. O governo tem o poder de melhorar o resultado das alocações da economia

Ainda que de fato consigamos ter um mercado atuante e que tenha por princípio escolher as melhores alocações de recursos para a sociedade, o governo continuará sendo peça importante para a economia. O cenário perfeito, onde os preços e outras tantas variáveis são definidos de forma "justa" ou ainda completamente correta, é um cenário quase hipotético. Na prática, as economias lidam com imperfeições, inúmeras delas causadas pela distorção de incentivos. Quando os incentivos são distorcidos, aquela alocação ótima, desejada por todos, fica distante. E aí entra a importância do governo para reduzir ao máximo a perda de bem-estar.

Uma das regras mais valiosas para a constituição de uma sociedade economicamente atuante é a garantia do direito de propriedade. Imagine quais seriam os incentivos à produção de determinado bem se não houvesse nenhuma garantia de que você poderá vendê-lo? Você aceitaria trabalhar o mês inteiro sem a mínima garantia de que receberá seu salário no final do período?

Diante das incertezas na propriedade dos fatores escassos da economia, seus agentes muitas vezes tomam posições conservadoras, e preferem não produzir. Por isso, o governo é fundamental para garantir que os detentores de recursos escassos terão de fato direito a eles.

O governo também é fundamental para auxiliar a sociedade a contornar falhas de mercado. As falhas de mercado são situações ou ocasiões nas quais a alocação de recursos feita exclusivamente pelo mercado provoca resultados nos quais os efeitos positivos são pequenos ou até inexistentes, e, portanto, superados pelos efeitos negativos. Em outras palavras, são situações em que a sociedade sai perdendo. Tais alocações não são, de fato, os melhores arranjos para gerar bem-estar para uma sociedade.

Um exemplo claro de falha de mercado é a existência de estruturas monopolísticas. Em um monopólio, apenas um ofertante oferece seu produto no mercado, formado por inúmeros demandantes. Justamente por isso, ele possui o que chamamos de poder de mercado: pode definir a quantidade a ser produzida e o quanto quer em valor monetário por seu produto, sem se preocupar com movimentos naturais que aconteceriam por conta da concorrência (aqui inexistente). Nesses casos, se não houver interferência governamental coibindo práticas comerciais abusivas (como por exemplo um ofertante de um produto considerado socialmente essencial cobrando preços abusivos por seu produto), a sociedade estaria, em termos de bem-estar, muito pior.

Outro exemplo de falha de mercado surge com as externalidades.

Mas o que seriam as externalidades? São os impactos da ação de um agente sobre a vida dos demais agentes de uma mesma sociedade. Elas podem ser negativas (quando a ação de um agente causa redução de bem-estar de outro(s) agente(s)), ou positivas (quando a ação tomada por um agente aumenta o bem-estar dos demais).

Um exemplo de externalidade gerando falhas de mercado é o caso da poluição. Quando uma fábrica se posiciona próximo a um rio e decide jogar dejetos de sua produção nas águas deste (para economizar com coleta adequada e sustentável), ela causa, com sua poluição, uma externalidade negativa a toda a população que mora nas proximidades: ninguém mais poderá usufruir daquele rio por conta de sua nova condição. Neste caso, se o governo não intervir, impedindo que a empresa polua o rio com sua ação, ele deixará que um agente cause malefícios a todos os demais.

Cabe aqui um breve, mas importante, comentário: apesar do governo ter a possibilidade de ação em casos onde compreenda que pode contribuir positivamente para a sociedade, nem sempre ele o fará na prática. Isso porque os processos que aqui vemos são econômicos e levam em consideração o uso da teoria econômica como ferramenta principal. Na vida, no entanto, os processos políticos podem ser complexos (e geralmente o são), fazendo com que nem sempre a ação do governo entre em concordância com aquilo que nossa teoria prevê. Por isso, não raro você, leitor, poderá ver situações onde se caracterizam claramente falhas no funcionamento do mercado, sem uma ação efetiva por parte do agente público.

2.7. A produção de um país é fundamental para explicar o padrão de vida de uma sociedade

A riqueza de uma sociedade se espelha naquilo que ela é capaz de produzir. Isso se justifica pelo fato de que as pessoas desejam, em suas vidas, o bem-estar máximo que puderem alcançar: elas querem se sentir satisfeitas naquilo que consomem, naquilo que possuem, naquilo que podem planejar para o futuro. Portanto, para que seja possível consumir, será fundamental que existam bens e serviços à disposição dessa sociedade.

A capacidade de produção, neste cenário, é fator fundamental para explicar o padrão de vida de uma sociedade. Sociedades cuja capacidade produtiva é elevada conseguem produzir mais e disponibilizar mais bens e serviços aos seus agentes.

O que torna a capacidade produtiva elevada? Muitos fatores contribuem para o aumento da capacidade produtiva. A existência de fatores naturais adequados é o primeiro passo: países com maior quantidade de reservas naturais, bem como condições climáticas e relevo adequado às suas produções, saem na frente dentro da busca pela produção.

Além disso, é importante que o capital (as máquinas, os equipamentos) existente seja em quantidade suficiente às necessidades dessa sociedade. O padrão tecnológico também é fundamental: nas sociedades atuais, a maior parte da produção depende de tecnologia, e quanto maior seu nível e qualidade, melhor é a produção, tanto quantitativa quanto qualitativamente.

Por fim, a mão de obra não pode ser esquecida: trabalhadores bem capacitados, com habilidades desenvolvidas adequadamente, conseguem elevar a produtividade de uma economia.

É importante ressaltar que o padrão de vida de uma sociedade não é determinado apenas pela capacidade produtiva. A existência de uma organização social adequada, que impulsione a qualificação e o desenvolvimento tecnológico, poderá contribuir muito para o bem-estar dessa mesma sociedade. No entanto, sociedades cujo potencial produtivo é mais elevado mostram, via de regra, sociedades mais organizadas, com regras sociais adequadas a seus agentes.

2.8. O comércio entre países pode melhorar o resultado das alocações de mercado

Quando pensamos em qual profissão devemos seguir, estamos sempre olhando nossas aptidões. "Se eu gosto de contas e números, provavelmente serei melhor e mais eficiente numa profissão que use essas habilidades." No geral, é assim que pensamos, não é?

Pois bem: países também agem dessa forma (ou, pelo menos, deveriam agir). Isso porque, dado que os recursos são escassos (a essa altura você já deve ter incorporado isso com facilidade no seu raciocínio econômico), e as diferentes produções no geral disputam pelos mesmos fatores de produção, continuamente devemos nos perguntar o que devemos, de fato, produzir. A resposta levará em consideração aquilo que podemos fazer melhor: seja melhor por eficiência (quantidade), seja por competência (qualidade). Portanto, os países produzirão aquilo no qual suas habilidades lhes conferem *vantagens*.

A ideia das vantagens comparativas na produção entre as nações não é recente no estudo da economia.

Adam Smith já ressaltava, em sua obra, que países envolvidos em trocas comerciais poderiam ter ganhos simultâneos conferidos justamente por conta deste comércio. Segundo Smith, a busca por melhores escolhas faria com que os países produzissem mais aqueles bens cuja eficiência na produção seria maior, deixando para comprar dos parceiros comerciais aqueles bens cuja eficiência produtiva lhes era menor.

As ideias de Smith foram, posteriormente, retomadas e aprimoradas por David Ricardo (1817), com o *Princípio das Vantagens Comparativas.* Em sua obra, Ricardo explica os motivos pelos quais dois (ou mais) países deveriam gerar especializações na produção de alguns de seus bens, e efetuar comércio entre si para suprir suas necessidades de forma mais ampla: a escolha racional e eficiente do uso dos recursos na especialização da produção gera maiores produções de forma agregada, tornando o bem-estar social maior. Dessa forma, todos ficariam em condição econômica melhor.

2.9. Ao longo do tempo, a emissão de moeda excessiva pode (e deve) levar à inflação

Emitir moeda, para muitos que ainda não compreendem como funciona o sistema econômico, pode soar um pecado. E não há nem como recriminar essa percepção, uma vez que países como o Brasil já utilizaram muito da emissão monetária como forma (não adequada) de financiamento de gastos públicos. Mas, dentro de nossa percepção teórica (que se faz presente na prática, no dia a dia), a emissão de moeda não necessariamente é um equívoco.

A emissão monetária é uma realidade das economias. Um governo precisa emitir moeda por alguns motivos:

- ele pode querer (ou mesmo precisar) aumentar a quantidade de moeda para garantir maior liquidez (ou seja, maior disponibilidade de dinheiro circulando na sociedade) e, assim, estimular o consumo presente frente às percepções de benefícios no consumo no futuro;
- ele pode querer aumentar a quantidade de moeda frente a um crescimento real da economia que acabe desregulando o equilíbrio monetário e comprometendo a estabilidade de preços.

O segundo ponto, em específico, precisa ser melhor explorado para compreendermos mais este fato estilizado. Mais à frente falaremos sobre as influências que a moeda tem nas economias, via políticas monetárias. Mas, por agora, precisamos primeiro pensar na seguinte questão: por que existe moeda em uma sociedade?

A moeda existe dentro das sociedades modernas por conta da divisão social do trabalho: as unidades produtivas produzirão aquilo que desejarem (no geral, aquilo que fazem melhor) e trocarão por aquilo que não produzem mas desejam.

Para compreender isso, vamos pensar em uma pequena história...

João tem uma fazenda, onde mora com sua família. Sua família gosta de consumir batatas, carne e café. Apesar de poder produzir todos esses produtos, João tem maior eficiência produzindo batatas: ele consegue usar melhor seus recursos e produzir mais batatas do que os outros produtos. Fazendo algumas contas, João percebeu que é muito mais vantajoso produzir apenas batatas do que produzir tudo aquilo que sua família deseja.

Mas como João consumirá os outros produtos que deseja? A resposta é relativamente simples: ele trocará parte daquilo que produziu em excesso por produtos que deseja consumir, mas não produz. Essa troca acontecerá com outros produtores que, da mesma forma, produzem apenas parte daquilo que consomem (e, nesse caso, não produzem batatas), mas querem efetuar trocas com parte de sua produção para consumir outros produtos.

Os outros produtores, assim como João, percebem que não faz sentido produzir aquilo que produzem pior: eles preferirão também se especializar na produção daquilo que lhes é mais rentável ou vantajoso, e efetuar trocas com outros produtores.

Assim, João conseguirá efetuar as trocas encontrando produtores que, assim como ele, tenham produtos sobrando que sejam desejáveis por outros produtores. Numa economia pequena, é relativamente simples: como todos os produtores estão relativamente próximos, você conhece todos e sabe tudo o que cada um produz. Além disso, você também conhece as necessidades ou os gostos de cada um, o que garante que você ofereça exatamente aquilo que cada um deseja em troca daquilo que você gostaria de consumir. É o que habitualmente chamamos de *troca direta*: um produto é trocado diretamente por outro produto. Não existe, nesse caso, um *meio de troca*, um intermediário para facilitar a transação.

Mas numa economia complexa, com inúmeros produtores e inúmeros compradores, essa missão de efetuar trocas diretas começa a ficar extremamente desafiadora. Você precisará descobrir não apenas onde está cada produtor, como deverá percorrer, eventualmente, longas distâncias, sem ter certeza de que ele deseja seu produto[3]. Além disso, talvez o produtor do sítio ao lado (Antônio) deseje as batatas produzidas por João, mas seu produto não tem a mesma aceitação na transação: a família de João não quer consumir as laranjas produzidas por Antônio. Nesse caso, a transação não acontecerá, gerando ineficiência para o sistema econômico.

Foi nesses cenários e nessa necessidade de se efetuar trocas de forma cada vez mais eficiente, possibilitando um fluxo maior de comércio, frente a economias que se tornaram altamente especializadas em determinadas produções, que surgiu a moeda. A moeda dentro das sociedades modernas tem como principal função ser um *meio de troca*, ou seja, um produto utilizado para que diferentes produtores efetuem trocas, sem necessariamente trocarem produtos de forma bilateral.

A moeda permite o que chamamos de *troca indireta*: um produtor pode negociar seus produtos no mercado, obtendo a moeda (o meio de troca), e consumir bens e serviços de outros produtores, sem ter que garantir que esses últimos

---

[3] Hoje, com os grandes avanços na telecomunicação, bastaria mandar uma mensagem em algum aplicativo como WhatsApp, ou similar, perguntando as intenções de cada produtor, e fechando de antemão algum tipo de comercialização, evitando inclusive gastos desnecessários com viagens (eventualmente perdidas). Mas nem sempre foi assim... Justamente por isso a moeda tem papel central no desenvolvimento da economia, e ainda que mude ou se adapte a novas tendências, sempre será importante para as sociedades.

desejem aquilo que foi produzido pelo primeiro. Com a moeda é possível que João, por exemplo, venda parte de sua produção para Antônio sem ter que, necessariamente, consumir laranjas: Antônio pagará seu consumo com moeda, que será utilizada por João para comprar café e carne.

A quantidade de moeda que uma sociedade precisa estar ancorada, portanto, na quantidade de produtos que existem para ser transacionados. Essa relação nos ajuda, inclusive, a entender a formação de preços: se uma sociedade passa a ter muita moeda disponível frente a uma determinada produção, é de se esperar que essa mesma moeda tenha menos valor frente à aquisição de bens e serviços. Dessa forma, se o produto aumentar em uma velocidade baixa, e a moeda crescer em alta velocidade, haverá um descompasso entre aquilo que está disponível para comercialização e os meios de pagamento existentes para a mesma finalidade.

Por que isso acontece? Se os preços permanecerem constantes e a quantidade de moeda disponível aumentar, as pessoas desejarão comprar mais bens e serviços (afinal, elas têm agora mais poder de compra conferido pela maior posse de moeda). No entanto, se não houver aumento da produção, as pessoas competirão pelo produto disponível: a demanda será maior do que a oferta pelo produto. Naturalmente, haverá pressões em preços, que levarão à valorização do produto e correlata desvalorização da moeda.

Por isso, se em uma economia o governo decidir elevar a quantidade de moeda em uma velocidade muito acima daquela que está sendo observada no crescimento econômico, teremos uma desvalorização dessa moeda: haverá um crescimento expressivo dos meios de pagamento que não é acompanhado pelo aumento da quantidade de bens e serviços, criando um desconforto explicado por moeda em excesso. Assim, os preços tendem a aumentar, para que a moeda agora existente seja bem gasta com aquilo que está disponível para essa sociedade em termos de produção. Justamente por isso, se houver emissão monetária em excesso (ou seja, acima do crescimento econômico efetivo), os preços subirão, gerando processos inflacionários.

Perceba que esse cenário leva em consideração, na média, que o crescimento econômico não é tão grande quanto o crescimento da quantidade de moeda. Num cenário onde a economia e a quantidade de moeda crescem em proporções próximas, é possível acreditar que teremos baixa pressão inflacionária.

2.10. No curto prazo, há um *trade-off* entre inflação e desemprego

O último dos fatos estilizados aqui propostos se preocupa com uma questão central das economias na atualidade: a taxa de desemprego e sua conexão com o poder de compra.

Quando pensamos no aumento da produção, muitas possibilidades nos vêm à cabeça. Podemos aumentar a produção com o aumento das máquinas e equipamentos, e não raro imaginamos essa possibilidade aliada à aquisição de tecnologia. Mas também podemos aumentar a produção através do aumento da mão de obra.

O aumento do trabalho é uma forma interessante de se aumentar o produto de um país: mais pessoas trabalhando devem nos levar, em condições normais, a maior produção. Uma receita sem custos, correto? Bom, não é bem assim...

Ao aumentar a quantidade de pessoas empregadas, estamos naturalmente reduzindo a parcela de pessoas disponíveis no mercado para trabalhar (ou seja, estamos diminuindo a massa de pessoas que gostariam de estar empregadas, mas naquele momento não estão). Dessa forma, a oferta de mão de obra acaba se reduzindo, tornando o trabalho um fator de produção um tanto mais raro dentro da economia[4].

Esse fato, por si só, já inicia um processo de valorização de mão de obra, que é repassado para os preços dos bens, à medida em que os custos de produção se elevam. Esse aumento, de forma contínua e generalizada, inicia um processo inflacionário: os preços de um fator de produção (no caso, o trabalho) puxam aumentos do custo de produção agregado, e estes são repassados, de forma generalizada, para os preços dos produtos.

Note, no entanto, que o fato que pontuamos acima diz respeito ao curto prazo. Mas o que seria o *curto prazo*?

O curto prazo é o período de tempo em que, em termos econômicos, não há mudança nem da quantidade de capital (máquinas, equipamentos, ferramentas), nem da tecnologia de maneira mais incisiva. Dessa forma, no curto prazo, todo aumento de produção gera aumentos em mão de obra e, portanto, pressiona os preços por conta do mecanismo de oferta e demanda.

A maior alocação de trabalhadores na economia pode ter menor impacto quando estamos em um ambiente econômico cuja ociosidade da mão de obra é intensa: quanto maior for a competição por postos de trabalho, menor será a pressão para aumentos de preços. Isso acontece porque quando há muitos trabalhadores disponíveis, a barganha

---

[4] Vale, inclusive, salientar que em momentos de aquecimento da economia, o trabalhador que vai ficando disponível em momentos de crescimento da produção é aquele menos qualificado. Em tese, ele produz menos que os mais qualificados, mas é beneficiado pelo aumento salarial gerado pela escassez de mão de obra. Esse fator também contribuirá para o aumento dos preços.

por salários maiores é muito menor: os trabalhadores estão dispostos a trabalhar pelo salário de mercado, desde que encontrem alocações dentro da economia. Por isso, ao aceitarem mais facilmente os postos de trabalho oferecidos aos salários vigentes, pressionarão pouco a estrutura de custos de produção.

No entanto, conforme a economia cresce e se estabelece de forma sustentável, inevitavelmente a ociosidade reduzirá, levando a uma situação onde a competição por trabalhadores aumenta, valorizando a mão de obra e iniciando um processo mais intenso de pressões salariais, culminando em pressões inflacionárias.

3
Economia: Perguntas Essenciais, Respostas Fundamentais

O estudo da economia, como já definido no capítulo anterior, olha para a busca de melhores escolhas alocativas, sempre levando em considerações as restrições existentes. No geral, a escassez de recursos é que acaba impondo as maiores e mais significativas restrições.

Não há dúvidas de que os contextos mudam, alterando também as restrições e o ambiente onde as decisões ocorrem: certamente aquilo que vivenciamos e o conjunto de opções que temos hoje em nada reflete o contexto no qual tomamos decisões há 5 ou 10 anos.

No entanto, algumas questões centrais sempre permanecerão vivas no estudo da economia, independente do contexto ou de qualquer outro elemento que defina condições de contorno temporais: uma economia sempre precisará ter respostas para o que produzir, para quem produzir, e como produzir. A maior compreensão e elaboração destas questões abrirá inúmeras possibilidades de aprofundamento do estudo e da compreensão da teoria econômica.

3.1. As questões econômicas fundamentais

Quando pensamos o objeto econômico como o centro do estudo da economia, naturalmente nos vêm à cabeça aquilo que uma sociedade é capaz de produzir. Já falamos anteriormente na importância da produção e do processo produtivo para a provisão de bens que possibilitem que a sociedade tenha maior bem-estar. No entanto, dadas as restrições, preferências e particularidades de cada economia, a decisão econômica passa a ser mais complexa.

As economias modernas precisam entender como alocarão seus recursos, tentando satisfazer necessidades de inúmeros agentes, cada qual com sua preferência. Responder "*o que produzir?*" é o começo para que uma economia consiga, de fato, resultados satisfatórios em busca de maior bem-estar.

Em conjunto à pergunta do que devemos produzir, surge também outro questionamento: "*para quem produzir?*". Para uma sociedade com inúmeros indivíduos, uma gama incontável de bens e serviços, e que encara a existência de restrições de forma racional, será sempre necessário compreender a qual público alvo queremos atender. Dessa forma, será possível, em conjunto com *o que produzir?*, ser mais assertivo em qual é a pauta de produção que deveremos privilegiar.

Para além das questões de qualificação da produção, será necessário compreender o quanto uma determinada sociedade deseja de cada um dos bens que serão produzidos. Teremos sempre que nos preocupar com o *quanto produzir?*, evitando que decisões precipitadas ou erradas façam com que produzamos muito de alguns produtos, muito pouco de outros, e geremos ondas inflacionárias ou deflacionárias dentro do mercado, decorrentes do descompasso entre oferta e demanda.

Por fim, temos que entender como será feita a produção, pensando sempre na otimização ou na melhor utilização dos recursos produtivos escassos. *Como produzir?* nos fará pensar de que maneira associaremos os fatores produtivos aos insumos e matérias-primas tentando efetivar a melhor produção possível, tanto em termos qualitativos quanto em termos quantitativos. Em outras palavras, precisaremos compreender, por exemplo:

- onde aplicaremos maior quantidade de tecnologia: na produção de máquinas de ressonância magnética ou na produção de carrinhos de bebê?;
- onde devemos utilizar mais máquinas e equipamentos: na colheita da soja ou na colheita de frutas silvestres?;
- onde devemos gastar mais tempo em pesquisa e desenvolvimento: para encontrar melhores formas de produção de alimentos ou para desenvolver tecnologia para a produção de celulares?

Importante notar que buscar respostas às perguntas pontuadas anteriormente não nos garante assertividade total nas nossas escolhas: nada impede que sejam feitas escolhas equivocadas ou até mesmo insatisfatórias do ponto de vista político e social. No entanto, a sociedade precisa constantemente fazer esse exercício de mapear suas necessidades e suas possibilidades de produção. Somente assim as vantagens comparativas ficarão evidentes, auxiliando na busca pelas melhores respostas e na efetivação da melhor combinação de bens e serviços a serem produzidos.

3.2. Escassez versus escolha: o que está à nossa disposição neste contexto?

Todas as limitações apontadas até aqui e existentes em nosso dia a dia apenas reforçam a necessidade de que uma sociedade (e seus agentes, obviamente) saibam fazer as melhores escolhas. Estas escolhas estarão sempre condicionadas à escassez; justamente por isso, compreender *trade-offs* e conhecer os verdadeiros custos de oportunidade são passos essenciais para que as escolhas aconteçam de forma racional, satisfazendo da melhor forma possível a sociedade.

A decisão do que produzir leva em consideração justamente os *trade-offs* existentes entre diferentes possibilidades de produção que, por sua vez, também nos ajudam a responder às demais perguntas.

3.2.1. A Fronteira de Possibilidades de Produção (FPP): um exemplo simples

Para compreendermos como se dão os *trade-offs* das escolhas de produção e como os custos de oportunidade se fazem evidentes nas escolhas dos processos produtivos, recorremos a uma representação muito simplificada, mas muito elucidativa: a Fronteira de Possibilidades de Produção (FPP)[5].

[5] O que nos importa, de forma pragmática, é o conceito que está por trás da FPP: sempre temos escolhas a tomar, que nos farão abdicar de algo em

A *Fronteira de Possibilidades de Produção* nos mostra todas as combinações possíveis de produção entre os bens que uma sociedade produz, considerando que esta sociedade está sob eficiência máxima (ou seja, está utilizando todos os fatores de produção que estão disponíveis).

Para nos auxiliar na tarefa de compreender a FPP, vamos pensar em um exemplo simplificado de uma economia que só pode produzir dois bens: canetas de cor azul e lápis. Os moradores dessa economia consomem apenas esses bens, e ambos trazem satisfação para seus consumidores. Há diferentes consumidores nessa sociedade, mas nós agora não iremos pensar nas preferências destes indivíduos. Importante também notar que não estamos, neste sentido, escolhendo qual será de fato a produção dos dois produtos, pois esta decisão deverá levar em consideração as preferências dos consumidores. O que queremos fazer neste momento é compreender quais são as combinações entre canetas azuis e lápis que esta sociedade está apta a produzir, utilizando todos os recursos disponíveis de forma eficiente, ou seja, sem desperdícios. Queremos traçar um caminho que nos indique quais são as possíveis produções nesta economia.

Para tanto, precisamos firmar algumas hipóteses, nem sempre tão realistas assim, mas necessárias para a compreensão de como as possibilidades de produção podem indicar quais os caminhos que uma sociedade vai seguir.

A primeira é que a economia utiliza todos os recursos disponíveis, sem desperdício ou subutilização. Nesse sentido,

---

detrimento de outras escolhas (se enquadram aqui: bens, serviços, situações, entre outros). Novamente, a escassez faz parte desse nosso amplo contexto econômico.

não há desemprego involuntário, nem máquinas ou equipamentos parados.

Além disso, também consideraremos que os recursos produtivos (máquinas, equipamentos, mão de obra, tecnologia) são constantes ao longo do período de nossa análise: eles não mudam com demasiada rapidez, o que faz com que os limites de produção estejam dados pelas condições de existência destes recursos.

Desta forma, suponha que, conhecendo o método de produção de cada um dos produtos, os recursos existentes, as técnicas que permitem utilização máxima dos recursos, entre outros, descubramos que é possível produzir as seguintes combinações entre canetas azuis e lápis nesta economia:

Tabela 1 – *Curva de Possibilidades: caneta e lápis*

Possibilidade	Caneta (unid)	Lápis (unid)
A	0	1400
B	50	1350
C	100	1250
D	150	1100
E	200	900
F	250	650
G	300	350
H	350	0

Note que nesta economia é possível tanto se especializar na produção de apenas um dos dois produtos, quanto produzir combinações diversas entre eles.

Se você observar a tabela atentamente, vai notar que:

– quando não produzimos nada de canetas (possibilidade A) e estamos especializados em produzir apenas

lápis, a produção de poucas unidades de canetas (possibilidade B) nos custa algumas poucas unidades de lápis;
- conforme vamos aumentando a quantidade de canetas, vamos abrindo cada vez mais mão da produção de lápis;
- no limite, o aumento da produção de canetas nos custa toda a produção de lápis desta economia.

Note que não é possível aumentar a quantidade de um dos bens sem sacrificar parte da produção do outro: sempre existe um custo envolvido na produção de uma unidade adicional de algum dos bens, e esse custo está explicado pelo sacrifício que se faz na produção do outro produto. Estamos falando de custo de oportunidade: a produção de canetas nos custa a redução na produção de lápis.

Também é importante percebermos que este custo de oportunidade vai mudando de acordo com as quantidades que produzimos dos bens. Quando passamos de 0 canetas para 50 canetas, deixamos de produzir 50 unidades de lápis. Quando passamos de 100 canetas para 150, sacrificamos a produção de 150 unidades de lápis. Por fim, quando passamos de 300 canetas para 350, esta adequação nos custou 350 unidades de lápis.

Importante pontuar que, apesar de ser um exemplo simplificado e meramente ilustrativo, essa mudança de custo de oportunidade não é um erro ou uma aberração: conforme uma economia passa a dar maior importância a alguma produção, ela passa a ceder maiores quantidades da produção dos outros bens. Além disso, o aumento da produção sempre pedirá realocação de recursos, e quanto maiores são as retiradas de fatores de produção de uma determinada linha produtiva, maiores são as perdas advindas das externalidades positivas que deixam de ocorrer nessa produção.

Podemos observar esses custos de oportunidade quando visualizamos o gráfico que delimita as diversas alternativas de produção, expostas na Tabela 1. A Figura 1 nos mostra a *curva de possibilidades de produção*, ou seja, o conjunto de pontos que indicam quais poderiam ser as quantidades produzidas de ambos os bens em diversas combinações, considerando que estamos utilizando os recursos produtivos da melhor maneira possível.

Observe como fica nítido que:

- o aumento da produção de um bem acarreta em diminuições da produção do outro bem;
- o sacrifício para aumento da produção de um bem aumenta à medida que aumentamos o número de unidades desse produto.

Figura 1 – *Fronteira de Possibilidades de Produção (FPP)*

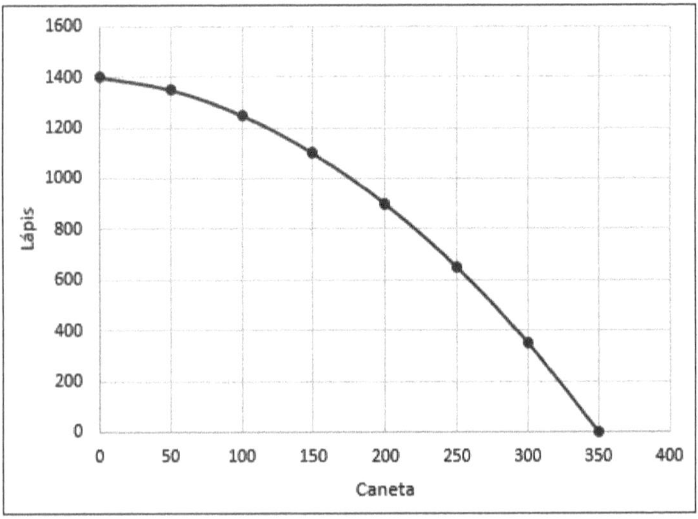

Por hipótese (dado que estamos admitindo que os fatores produtivos estão sendo utilizados em sua integralidade), teremos *eficiência produtiva* em todos os pontos da FPP, ou seja, não sobrarão nem faltarão recursos nessa economia. Os pontos abaixo da FPP são pontos onde os fatores de produção não estão sendo utilizados totalmente, ou seja, ocorrem sobras e esses fatores estão subutilizados. Haverá, abaixo da FPP, ociosidade e desemprego de fatores produtivos.

3.2.2. A FPP nas sociedades: escolhas nada triviais

Até aqui vimos como seria possível produzir dois bens distintos, tentando alcançar a máxima eficiência produtiva. Em economias simplificadas ou até mesmo em ambientes muito controlados, fazer o mapeamento das possibilidades de produção é relativamente simples. No entanto, em economias complexas, essa é uma tarefa difícil.

Começamos pelo número de bens: economias complexas produzem uma infinidade de bens e serviços com características distintas. As decisões passam a ser muito mais refinadas: devemos produzir bens exportáveis ou bens para satisfação do consumo doméstico? Devemos produzir alimentos ou tecnologia? Devemos destinar maior parte dos bens de capital para produtos de primeira necessidade ou para bens de luxo? E para estas e outras tantas perguntas, as respostas não são triviais: elas dependem por vezes de posicionamentos políticos e institucionais não tão fáceis de se equacionar.

Também é importante lembrarmos que, apesar da eficiência produtiva ser um elemento importantíssimo para as economias, e muito desejado por formuladores de políticas econômicas, ela é uma realidade difícil de se materializar. Parece ser, pela observação da realidade, relativamente comum que as economias trabalhem abaixo dessa eficiência produtiva tão almejada. Alguns motivos ou características ajudam a explicar esse fato.

Primeiro, porque diferente do exemplo anterior, as economias podem decidir pela escolha de inúmeros (às vezes praticamente incontáveis) bens. Logo, o exemplo que elaboramos anteriormente apenas explica uma sistemática de decisão que, na realidade, é extremamente complexa (e isso porque ainda não falamos das decisões envolvendo as preferências dos indivíduos). Na prática, a escassez de recursos concorrerá com as diferentes formas e técnicas de produção, gerando uma infinidade de combinações.

Além disso, uma economia complexa é formada por inúmeras unidades produtivas para o mesmo tipo de bem. E na prática cada unidade produtiva (ou cada firma) poderá ter o seu método de produção, influenciado por sua dotação de recursos próprios, pelo mercado ou região no qual atua, ou ainda por conta de acesso mais ou menos facilitado ao mercado de crédito. Todos esses fatores poderão culminar em ganhos ou perdas de eficiência relativa (ou seja, quando comparamos com as outras unidades produtivas). Assim, nada nos garante a aderência ao conceito de eficiência produtiva na prática dentro do mercado complexo, já que algumas empresas poderão operar muito próxima dela, e outras nem tanto.

Dentro dessa mesma preocupação com a eficiência produtiva, também é importante pensarmos que, quanto maior for o número de participantes desse mercado, mais prováveis serão as perdas ou os imprevistos, ou até mesmo distorções nas projeções de demanda, que acarretam em subutilização dos fatores produtivos. Portanto, no dia a dia é relativamente comum que as economias se encontrem abaixo da FPP. A busca da eficiência produtiva se materializará quando as economias conseguirem chegar cada vez mais próximas da FPP.

Esses pontos já deixam claro porque o mapeamento de possibilidades de produção é complexo e requer um conhecimento amplo da economia estudada, conhecendo *trade-offs* das escolhas feitas de forma agregada. Vale lembrar que os custos de oportunidade continuarão existindo nas escolhas por uma ou outra produção: sempre que uma sociedade decidir elevar a produção de um bem, deverá sacrificar, em nome da escassez de recursos, a produção dos demais bens dessa economia, tudo o mais permanecendo constante. As realocações de recursos continuarão ocorrendo, e quanto mais quisermos elevar a produção de determinado produto, mais teremos que sacrificar dos demais.

3.2.3. Mudanças na FPP: é possível expandir as possibilidades de produção?

Toda a construção lógica feita acima sobre a FPP leva em consideração que tudo o mais permanece constante: ou seja, os demais fatores produtivos não se movem. A tecnologia não muda, a quantidade de máquinas e equipamentos permanece constante, a mão de obra continua igual. Essa hipótese é interessante quando pensamos em uma economia que está caracteristicamente no *curto prazo.*

O *curto prazo* é o espaço de tempo onde ao menos um dos fatores de produção não pode ser modificado, ou seja, permanece constante e inalterado. Dessa maneira, faz-se necessário que a economia reconheça essa restrição ou limitação em seu modo de produção e utilização dos fatores, com vistas a satisfazer as necessidades das pessoas da melhor forma possível.

Diferente do curto prazo, o *longo prazo* é o espaço de tempo onde todos os fatores de produção mudam. Dessa forma, em economias com limitações iniciais de trabalho, capital ou até mesmo tecnologia, o longo prazo traz possibilidades de expansão de fatores de produção que poderão modificar também os limites da capacidade produtiva, afetando a Fronteira de Possibilidades de Produção (FPP).

Essa é, portanto, uma das formas de se expandir as possibilidades de produção de uma economia: através da modificação de um ou mais fatores produtivos. No geral, essa expansão é mais factível no longo prazo, onde se desenvolvem novas tecnologias, novas formas de produção, novas máquinas e equipamentos mais produtivos. Nesses contextos, a capacidade produtiva aumenta, possibilitando que produzamos mais.

3.3. Os dilemas da produção (e alocação de recursos) nas sociedades modernas

Os exemplos dados anteriormente são simples, com o objetivo único de desenvolver a intuição sobre como são as escolhas feitas por agentes econômicos, como são determinantes as restrições existentes nas economias e, de forma ainda muito simplificada, de como esse conjunto "escolhas + restrições" impacta o resultado final para sistemas econômicos muito simples. Nesses mesmos exemplos, a organização social e institucional é também muito simples, até mesmo ignoramos particularidades: tomamos por pressuposto que a sociedade compreende ser importante a produção de tais bens, sem maiores questionamentos ou posicionamentos.

Na prática, a economia passa por escolhas mais complexas, tanto em termos quantitativos quanto em termos qualitativos, como já mencionamos anteriormente. Isso porque existem condições iniciais, ou até mesmo definições feitas pela sociedade e pelo governo, que impactam as escolhas no âmbito econômico. O modelo econômico seguido por uma sociedade é, nesse cenário, muito relevante para compreendermos o que será produzido, como será essa produção, e para quem ela será encaminhada.

As economias sempre funcionam sob algum tipo de organização econômica, que define as regras sob as quais essa economia funcionará. Um dos modelos mais comuns é aquele denominado *sistema de mercado*, no qual são características fundamentais a propriedade privada dos fatores produtivos e dos meios de produção.

O *mercado* é o ambiente (hoje não mais físico, necessariamente) onde acontecem as trocas, ou as negociações entre partes envolvidas numa mesma transação.

Economias regidas pelo mercado são economias nas quais o *lucro* é o objetivo central das produções. Nesse contexto, dentro de um *sistema capitalista* ainda pode-se demandar condições de concorrência, tanto entre vendedores (inúmeros agentes comercializando os bens), quanto entre compradores (ou seja, uma quantidade significativa de agentes demandando os produtos produzidos). Outra concorrência desejada nesse sistema é aquela vigente entre os fatores de produção, especialmente o trabalho: haverá inúmeras unidades produtivas demandando trabalho, e inúmeros trabalhadores dispostos a ofertar seus préstimos em troca de recompensas monetárias.

Importante notar que há outros tipos de organização do mercado que também seguem o princípio da busca pelo lucro, mas apresentam funcionamento distinto desse brevemente enunciado. Compreendê-las, ainda que de forma simplificada, pode nos ajudar no entendimento e importância do estabelecimento de algumas variáveis econômicas em nosso dia a dia.

3.3.1. A classificação dos mercados segundo suas características

Os mercados são definidos, entre tantos fatores, por sua característica básica: aquela que indica de que forma a concorrência acontece dentro das economias. O preço é um importante elemento nesta classificação, já que a maneira como ele é formado sugere características interessantes de cada uma das estruturas mercadológicas.

Assim, as características dos mercados são fundamentais para explicar, entre outros fatores, se estaremos sobre a FPP ou se estaremos abaixo dela. Isso porque quando estamos sob estruturas mais competitivas, como é o caso da concorrência perfeita, é de se esperar que o lucro seja o grande foco desses produtores, e eles quererão produzir tudo o que for possível para atender o mercado. Por isso, tendem a ser mais eficientes do ponto de vista econômico, e podemos acreditar que estas produções aconteceriam em pontos muito próximos, ou até mesmo sobre a FPP.

Já em estruturas pouco competitivas (e no extremo também consideramos aquela onde a competição inexiste), é possível que produtores desejem produzir menos do que o mercado de fato demandaria em uma situação concorrencial, com o intuito de elevar preços e extrair tudo aquilo que o consumidor pode estar disposto a pagar pelo produto. Nesses casos, provavelmente estaremos produzindo abaixo dos níveis de eficiência econômica, o que nos colocaria em pontos abaixo da FPP.

Assim, podemos definir as seguintes estruturas de mercado, em conjunto com suas características mais evidentes, como apontado de forma resumida abaixo:

a. **Concorrência perfeita**: é a estrutura de um mercado no qual existe um grande número de compradores e também um grande número de vendedores interagindo e fazendo trocas de produtos que são, em essência, homogêneos. Nessa estrutura, ninguém tem *poder de mercado*: um único vendedor ou comprador não consegue influenciar, de maneira individual, o preço da economia como um todo. Também não são toleradas barreiras à entrada nesse mercado, sendo possível qualquer um participar dele, e existe transparência total: compradores e produtores conhecem perfeitamente as informações que regem essa estrutura de mercado. Nessa estrutura, o *equilíbrio do mercado* acontecerá quando, a determinado preço, ofertantes e demandantes estiverem satisfeitos com as quantidades ofertadas e demandadas, não ocorrendo nenhum tipo de sobra ou excesso. Veremos esse conceito mais adiante;
b. **Monopólio**: é um mercado caracterizado pela existência de um único ofertante, que define a quantidade a ser produzida e o preço de acordo com a característica do produto e do consumidor demandante.

É uma estrutura na qual, dado o grande poder de mercado conferido ao produtor, percebe-se preços mais elevados e consumidores pagando, no geral, valores muito próximos daqueles que seriam seus limites (ou *preço de reserva*[6]). Os demandantes, por sua vez, são numerosos e não possuem nenhum tipo de poder de mercado. Os monopólios podem ser *naturais*. Esse tipo de monopólio é legalizado, e acontece quando é mais vantajoso atender ao mercado consumidor através de um único produtor, abrindo mão da concorrência entre produtores. Nesse caso, determinada produção só ocorre se forem garantidas condições específicas de produção, diferindo daqueles presentes no mercado competitivo. Concessões de hidrelétricas ou mesmo o fornecimento de serviços públicos, por exemplo, se configuram como monopólios naturais;

c. **Oligopólio**: é uma estrutura de mercado na qual o número de produtores é reduzido, em contrapartida a um número grande de consumidores. Nessa forma de organização de mercado, apesar de não existirem necessariamente barreiras explícitas à entrada, elas existem implicitamente, pois os grandes produtores têm vantagens produtivas que acabam inibindo a entrada de novos ofertantes. Indústrias como a automobilística estão nesse tipo de estrutura de mercado.

---

[6] Preço de reserva, quando visto pela ótica da demanda, é o preço máximo que um consumidor está disposto a pagar por determinado produto. É o preço de reserva que define, em suma, a curva de demanda. Da mesma forma, podemos pensar neste conceito através da curva de oferta: o preço de reserva é o preço mínimo que um ofertante deve receber para estar disposto a produzir um determinado produto. O preço de reserva fornece limites considerados aceitáveis para que um bem ou serviço seja demandado/ofertado na economia.

Vale lembrar que essa estrutura não é tão extrema quanto o monopólio, mas ainda é uma estrutura pouco competitiva;

d. **Monopsônio**: é a estrutura de mercado na qual, ao invés de termos apenas um ofertante, temos um único demandante ou comprador. Nesse caso, o demandante terá poder de mercado para influenciar o preço (neste caso, para baixo daquilo que seria definido em condições competitivas), já que ele será o único apto a comprar o produto. É o caso de, por exemplo, alguma localidade onde temos inúmeros produtores de cana de açúcar e apenas uma usina que demanda esse produto para a produção de açúcar ou etanol;

e. **Oligopsônio**: similarmente ao oligopólio, o oligopsônio é uma estrutura pouco competitiva, na qual temos alguns poucos demandantes num mercado repleto de ofertantes. Também é o caso de mercados onde a quantidade de demandantes é ampla, mas alguns poucos demandam a maior parcela da produção do mercado. É o caso de indústrias automobilísticas demandando peças ou acessórios no mercado;

f. **Concorrência monopolística**: é, provavelmente, uma das estruturas de mercado mais comuns. Nesse arranjo, o mercado é composto por um grande número de ofertantes, o que confere uma estrutura competitiva interessante, mas o produto de cada ofertante é diferenciado: nesse caso, é como se cada ofertante fosse um monopolista do seu próprio produto. Os produtos em competição monopolística apresentam características que os diferenciam, tais como marca, modelo, cor, padrão de embalagem,

> qualidade, entre outros. Como o consumidor compreende que o produto é diferente de ofertante para ofertante, ele muitas vezes se dispõe a pagar mais caro pelo produto, o que dá aos ofertantes um interessante poder de mercado. São exemplos de mercados em concorrência monopolística os restaurantes (cada um com seu tipo de comida), ou até mesmo as lojas de roupas e calçados, com seus evidentes diferenciais de modelos e qualidade.

O mercado em concorrência perfeita é, sem dúvidas, o mais interessante: ele garante uma eficiência dentro da economia, conferindo alocações de recursos bem pensadas e aproveitamento amplo dos fatores produtivos da melhor maneira possível. No entanto, esse mercado na prática quase não existe: dificilmente existirá tamanha homogeneidade de bens, com compradores e produtores sem poder de barganha para influenciar esse mercado. O mercado que talvez mais se aproxime desse desenho é o mercado agrícola, mas mesmo assim já é possível existir diferenciação do produto por conta de técnicas e insumos utilizados para a produção.

Dentre os mercados mais prováveis, a concorrência monopolística é a mais recorrente: os ofertantes para cada tipo de produto podem ser inúmeros, mas diferenciam-se em características que agregam valor ao consumidor e geram potenciais de diferenciação de preços.

3.3.2. As economias regidas pelas forças de mercado e a importância dos preços

Nos sistemas econômicos regidos pelo mercado, o que produzir, o quanto produzir e como produzir são questões respondidas levando em consideração a busca pelos melhores resultados. Como já mencionamos anteriormente, o *lucro* é palavra central nessa história.

Os produtores sempre buscarão otimizar seus lucros: quanto maior for o preço de um determinado produto, para dado custo produtivo, maiores são os retornos que a produção propicia. Também, quanto maior a produção para um dado preço, maiores são os retornos auferidos por esse produtor.

Da mesma maneira, consumidores sempre desejarão otimizar seus recursos, e neste caso buscarão reduzir seus custos na aquisição dos produtos: para dada quantidade de recursos monetários (por exemplo, para um dado salário), quanto menor for o preço de um produto, maiores são as possibilidades de compra (deste e de outros produtos) por parte deste consumidor. Por isso, sempre que possível, o consumidor desejará pagar menos por um determinado bem: ele assim conseguirá ou comprar mais daquele bem, ou então comprar mais dos demais bens disponíveis na economia.

Importante notar que, sob concorrência, são as condições de oferta e demanda que auxiliam na determinação do preço, como veremos adiante. Assim, se houver muita demanda por um determinado bem, frente a uma oferta limitada, haverá uma "competição" pelas unidades disponíveis, o que fará com que o seu preço aumente: conseguirão comprar os produtos aqueles compradores com maior disposição a pagar por eles. No final das contas, o mercado definirá um preço ao qual demandantes e ofertantes serão atendidos: não faltará nem sobrará nada, ao preço definido pela negociação de mercado.

Se houver um aumento significativo da oferta de um determinado produto, sem que ocorra um aumento significativo da demanda pelo mesmo, os consumidores perceberão que há mais unidades do produto na economia do que aquelas desejadas e ofertarão preços menores por sua comercialização. A queda do preço fará com que as unidades produzidas sejam consumidas. Ao final, teremos uma economia onde, com preços menores, todas as unidades produzidas tendem a ser consumidas, evitando qualquer tipo de sobra dentro da economia[7].

Em ambos os casos, o que motiva a variação do *preço* é a busca pelo *lucro*. Os ofertantes entendem que, sob demanda elevada, é possível gerar maior lucro dada a valorização do produto. Da mesma forma, também compreendem que, quando a oferta é demasiadamente grande, a não redução do preço poderá gerar excesso de produtos no mercado que, se não comercializados, gerarão ineficiência no processo produtivo: a economia terá investido recursos para produzir algo que, no limite, não será utilizado. O ideal, portanto, é ajustar preços para que a oferta se iguale à demanda, gerando os melhores resultados. É assim que acontecerá o equilíbrio de mercado, alvo de nosso estudo no próximo capítulo.

---

[7] Sob condições menos competitivas, o equilíbrio do mercado também acontecerá através da interação entre oferta e demanda. A diferença é que, num monopólio, por exemplo, as quantidades produzidas poderão ser menores, o que conferirá características diferenciadas para a curva de oferta.

4
Oferta e Demanda: Como Funciona o Mecanismo Fundamental da Microeconomia

Quando queremos entender como os mercados funcionam ou, de maneira bem mais genérica, como funcionam as escolhas econômicas, é fundamental que compreendamos os conceitos de *oferta* e *demanda.*

Sendo a *demanda* um desejo de adquirir ou de consumir determinado bem ou serviço, e a *oferta* um desejo de produzir ou de colocar à disposição da sociedade determinado bem ou serviço, é possível entender, nas interações entre ofertantes e demandantes, a forma como se estabelecem as tomadas de decisão no âmbito econômico.

Apesar de, neste momento, utilizarmos exemplos que se baseiam em mercados específicos e bem delimitados (com um viés claramente microeconômico), o mesmo raciocínio poderá ser expandido para questões de ordem macroeconômica, como o funcionamento do mercado monetário ou até mesmo do mercado cambial, como veremos adiante.

4.1. Demanda: o desejo de adquirir

A demanda[8] pode ser definida como o desejo que alguém tem de adquirir um dado bem ou serviço, em um período de tempo.

Nesse contexto, alguns fatores explicam os motivos pelos quais as pessoas demandam bens e serviços (ou ao menos parte deles). São eles:

a. **Preço do bem ou do serviço:** O preço é considerado a variável-chave da demanda; o preço gera estímulos, tudo o mais constante, para o aumento ou redução da demanda. Se o preço de um produto está mais baixo, tudo o mais constante, as pessoas deverão consumir mais deste produto. Se, por outro lado, o preço subir, *ceteris paribus*, é de se esperar que tenhamos reduções no desejo de aquisição desse bem ou serviço;

b. **Renda do consumidor:** A renda representa a restrição maior na hora de se definir a demanda, pois ainda que os preços sejam atrativos, sem renda não será possível adquirir bens e serviços.

Aumentos da renda elevam as possibilidades de consumo, o que deve gerar, tudo o mais constante, aumentos

[8] Essa forma mais direta de definir a demanda pode ser facilmente expandida para cenários onde estamos pensando na alocação de tempo para determinada tarefa, ou ainda nas necessidades mais diversas dos seres humanos.

na demanda do consumidor, aumentando também o desejo de aquisição daqueles bens que ele já consumia, mas em quantias menores.

As reduções de renda têm o mesmo efeito, com sinal contrário: sempre que houver redução de renda, o consumidor deve também reduzir as quantidades daquilo que consome, reduzindo, portanto, a sua demanda;

c. **Hábitos, gostos e preferências:** As pessoas, em tese, consomem aquilo que precisam ou gostam. Certamente, ninguém gostaria de consumir produtos que não aprecia: se você não gosta de refrigerantes, não teria motivos para comprá-los.

Os gostos ou preferências explicam boa parte da demanda: podem não explicar as quantidades demandadas em si, mas certamente auxiliam a elucidar a escolha por um ou outro produto, em detrimento dos demais.

As necessidades também explicam parte da demanda: eu não gosto de tomar remédios, mas os compro por uma necessidade, já que sei que devo tomá-los;

d. **Preço de outros bens:** Quando vamos consumir algo, é racional que também prestemos atenção ao preço de outros bens que poderão afetar ou influenciar minha demanda.

Se eu só estou habituada a consumir pão com manteiga, o aumento do preço da manteiga poderá influenciar negativamente a minha demanda por pão: uma vez que eu tenha diminuído o consumo de manteiga por conta de seu acréscimo de preço, não fará sentido consumir a mesma quantidade de pão que era consumida antes desse acréscimo. Neste caso, há redução de demanda por pão, porque estamos considerando que eu só consumo pão junto com manteiga, ou seja, uma *complementaridade* entre os bens.

Adicionalmente, pense em um outro cenário, no qual pão e bolacha são bens *substitutos*, ou seja, nunca são consumidos em conjunto: ou consumimos um, ou consumimos o outro. Se o preço da bolacha aumentar, é possível que exista um aumento da demanda por pão: com menos pessoas consumindo bolacha, dado o aumento de preços desta, os consumidores migrarão para o produto que substitui a bolacha, no caso o pão. Portanto, o aumento do preço de um outro bem também pode levar ao aumento da demanda do bem estudado.

A demanda por um produto ou serviço é, portanto, a combinação de todos os fatores que influenciam ou determinam tal desejo de aquisição, sendo o fator de maior atenção o preço do bem.

A *lei da demanda*, também chamada de *lei da procura*, nos aponta que quando um bem ou serviço passa por aumento de preços, sua demanda deverá cair. Analogamente, reduções de preços deverão vir acompanhadas de aumento de demanda.

4.1.1. Análise gráfica

Uma das formas de pensar e compreender a demanda é através de gráficos. Não nos aprofundaremos muito na parte matemática que explica a demanda, mas vamos empregar um pouco de atenção à análise gráfica da demanda por um determinado bem.

Vamos pensar como seria a demanda por canetas, num exemplo hipotético exposto na Tabela 2. Para esse exercício, precisamos considerar uma importante hipótese: uma vez que o preço é a variável central da análise da demanda de todos os produtos (inclusive canetas), consideraremos aqui que todos os outros fatores que influenciam a demanda por canetas estão fixos, ou seja, constantes, e apenas o preço da caneta pode mudar, influenciando a quantidade.

Tabela 2 – *A demanda de um consumidor por canetas*

Quantidade	Preço
14	R$ 0,00
12	R$ 0,50
10	R$ 1,00
8	R$ 1,50
6	R$ 2,00
4	R$ 2,50
2	R$ 3,00
0	R$ 3,50

A tabela acima indica as combinações entre preço e quantidade demandada para canetas, para um consumidor hipotético. Quando o preço da caneta sobe, a demanda pelo produto cai, refletindo o maior custo de aquisição, tudo o mais constante (inclusive a renda). Em cenários onde o preço é baixo, haverá, tudo o mais constante, maior demanda por canetas[9].

[9] Neste caso, é interessante notar que a quantidade demandada de canetas é limitada, ainda que o preço seja zero. Nem sempre, no entanto, é assim: há produtos que, quando o preço se aproxima de zero, vivenciam aumentos de demanda. No limite, quando o preço é zero, as pessoas demandam quantidades infinitas do produto.

Podemos representar os valores acima num gráfico, que relacione, para cada preço, a quantidade demandada. Esta representação está na Figura 2. Nela, temos uma característica interessante a ser ressaltada: a linha representativa do gráfico é negativamente inclinada, indicando que sempre que houver aumento de preços, a quantidade demandada cai.

Figura 2 – *Demanda: o exemplo da demanda por canetas*

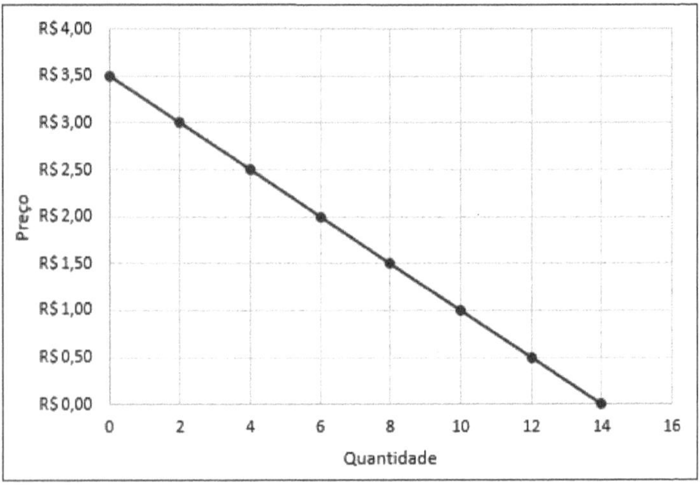

Acima representamos a demanda por um produto específico (ainda que usando números e preços hipotéticos), de forma a conectar quantidades a preços, desenhando uma curva de demanda. No entanto, com uma hipótese adicional, conseguimos representar curvas de demanda genéricas, que trarão a mesma intuição para nosso estudo, com a possibilidade de generalização. Se considerarmos que o bem sob estudo é perfeitamente divisível (ou seja, pode ser consumido em qualquer quantidade desejada, mesmo que esta seja muito pequena), a curva de demanda assumirá, de maneira geral, o seguinte formato:

Figura 3 – *Demanda: formato geral*

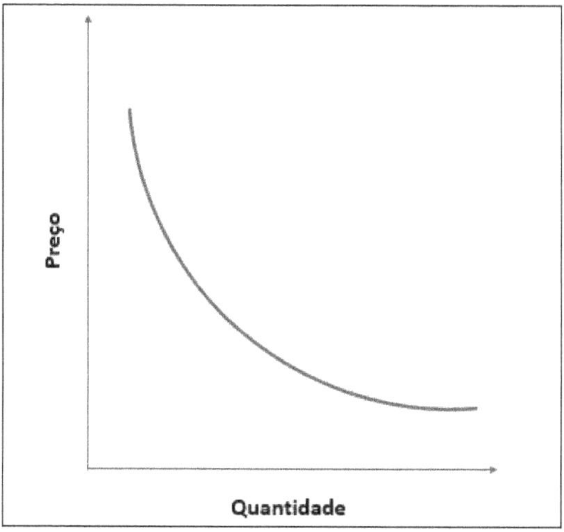

Como já havíamos visto na Figura 2, a demanda em sua representação generalizada guarda a mesma propriedade com relação ao preço: sempre que este aumenta, a quantidade demandada cai. Este comportamento é facilmente aceitável, e pode ser justificado por dois conceitos importantes: *efeito renda* e *efeito substituição.*

Sob o *efeito renda,* sempre que o preço de um produto aumenta, ficamos "mais pobres" em termos de poder de compra: uma vez que nossa renda não está mudando (sob hipótese), o aumento do preço faz com que nossas possibilidades de compra se reduzam. Neste caso, é justificável que diminuamos o consumo. O contrário é válido para o caso de preços que se reduzam: o consumidor, ao ter sensação de maior riqueza, consumirá mais.

Já o *efeito substituição* nos diz que, se o preço de um bem aumenta em detrimento ao preço de todos os outros bens (que também estão, por hipótese, constantes), o consumidor procurará substituir o consumo deste bem por outros com características similares, ou ainda que tragam a ele satisfação parecida: sua demanda pelo produto cujo preço aumentou cairá. Caso ocorra redução de preço do mesmo produto, o consumidor notará que pode consumir mais deste bem, reduzindo o consumo de outros produtos similares.

4.1.2. Bens de Giffen e Bens de Veblen: exceções à lei da demanda

Apesar de muito intuitiva, e no geral facilmente compreendida, a lei da demanda tem duas exceções bem interessantes: os *bens de Giffen* e os *bens de Veblen*.

Bens de Giffen são bens considerados *inferiores*, ou seja, bens cuja demanda aumenta quando a renda cai (veremos mais sobre eles nas próximas sessões). Nesse caso, se houver um aumento do preço de um *bem de Giffen*, sua demanda tende a aumentar: quando seu preço aumenta, o consumidor tem menos renda para consumidor os outros produtos, o que faz com que diminua o consumo destes, e aumente o consumo do bem com características de *Giffen*. No século XIX, os pães para as classes mais pobres em Londres eram *bens de Giffen*: quando seu preço aumentava, as classes menos favorecidas aumentavam sua demanda por ele, por terem menos renda para o consumo dos demais bens.

Já os *bens de Veblen* são bens de consumo de luxo, como obras de arte ou joias. Como são, por concepção, uma forma de ostentar riqueza, quanto mais caros forem esses produtos, maior será a demanda por eles. Assim, se houver aumento do preço de joias, ou até mesmo de automóveis de alto padrão, sua demanda deve aumentar, apontando serem uma sinalização de riqueza.

4.1.3. Da curva de demanda individual à curva de demanda de mercado

Até aqui pensamos na demanda de um consumidor, de forma individual. O mercado, por sua vez, também tem sua demanda por seus diversos bens e serviços. Essa demanda é composta pela soma das demandas individuais.

Dessa forma, retomemos nosso exemplo de demanda por canetas. Suponhamos que aquela demanda que representamos anteriormente seja a demanda por canetas do indivíduo A.

No entanto, nossa economia também é formada pelo indivíduo B, que tem sua demanda de canetas um pouco diferente daquela atribuída ao outro indivíduo, ainda que guarde as características apontadas pela lei da demanda.

A demanda do mercado por canetas, supondo que nossa economia possui apenas esses dois indivíduos, será a soma das demandas de cada um, para cada faixa de preços. A Tabela 3 mostra os valores, e a consolidação da demanda do mercado, e a Figura 4 representa graficamente esta soma.

Tabela 3 – *Da demanda individual à demanda de mercado*

Preço	Quantidade - Consumidor A	Quantidade - Consumidor B	Quantidade - Mercado
R$ 0,00	14	28	42
R$ 0,50	12	24	36
R$ 1,00	10	20	30
R$ 1,50	8	16	24
R$ 2,00	6	12	18
R$ 2,50	4	8	12
R$ 3,00	2	4	6
R$ 3,50	0	0	0

Figura 4 – *Da demanda individual à demanda de mercado*

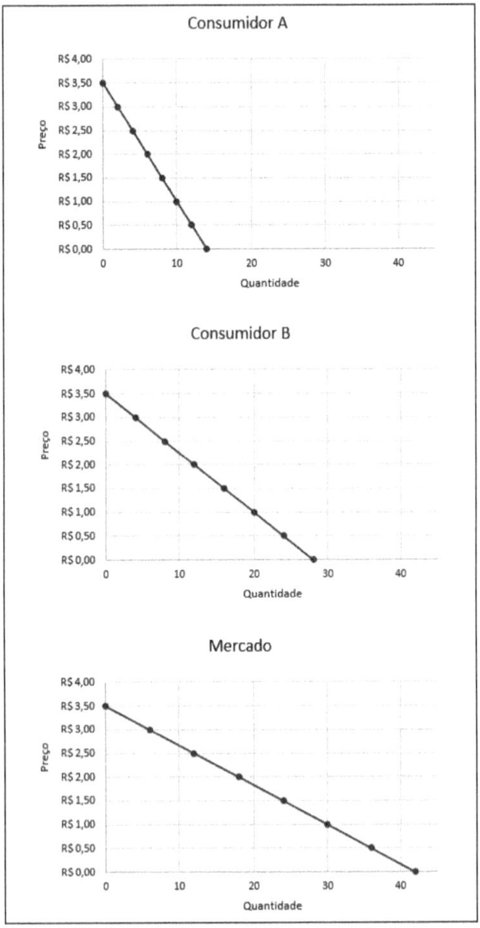

4.1.4. Excedente do consumidor

Uma outra informação importante que surge da análise gráfica da demanda é o *excedente do consumidor.*

Teoricamente, o *excedente do consumidor* é a diferença entre a disposição que o consumidor tem para pagar por determinado bem ou serviço e o preço que ele paga de fato para consumi-lo.

Quando observamos nosso gráfico de demanda, vemos, sobre a linha da curva de demanda, o *preço de reserva do consumidor,* ou seja, o máximo que ele estaria disposto a pagar por aquelas unidades de bem ou serviço. No nosso exemplo, sabemos que o consumidor A estaria disposto a pagar R$ 3,00 por duas unidades de caneta, e este é seu preço de reserva para essa quantidade de canetas.

Mas se, posteriormente, o mercado decidir que comercializará as canetas a R$ 2,00 cada, esse mesmo consumidor pagará menos do que aquilo que estava disposto: ou seja, ele tem um excedente, pois deixa de pagar por cada caneta R$ 1,00, segundo sua disposição para aquela quantidade.

O excedente do consumidor é outra forma de observarmos a curva de demanda: através do preço máximo que os consumidores estariam dispostos a pagar por cada quantidade do produto, é possível compreender qual seria a disposição deles pelo produto.

Graficamente, estamos falando de toda área abaixo da curva de demanda, mas acima do preço que será praticado no mercado. Em breve, quando falarmos do equilíbrio do mercado, o excedente do consumidor ficará mais evidente, e mais fácil de se identificar.

4.1.5. Quais fatores fazem a curva de demanda se deslocar?

Conforme vimos anteriormente, muitos fatores influenciam a demanda, além do preço do produto: gostos, renda, hábitos, preços de outros bens, e por aí vai.

Assim, as mudanças desses fatores fazem com que, aos mesmos preços, a disposição do consumidor em demandar determinado produto aumente ou diminua. A renda, sem dúvida, é o principal deles.

Se a renda aumentar, por exemplo, e o bem em questão for desejável pelo consumidor, ele poderá desejar consumir mais unidades daquele produto: com o acréscimo de renda, os consumidores em conjunto gostariam de demandar mais 12 canetas para cada preço. Dessa forma, a curva de demanda se desloca para a direita: aos mesmos preços anteriores, mais unidades serão demandadas.

Analogamente, reduções de renda deverão causar reduções de demanda em bens desejáveis e deslocarão a curva de demanda para a esquerda.

Outros fatores também deslocarão a curva de demanda: se os preços dos bens complementares subirem, a demanda se deslocará para a esquerda; se o preço dos bens substitutos aumentarem, a demanda do bem em questão se deslocará para a direita; se fatores culturais mudarem e tornarem o bem mais desejável, sua demanda se deslocará para a direita.

4.2. Oferta: o desejo de oferecer

A oferta pode ser definida como o desejo que algum produtor tem de produzir ou oferecer um dado bem ou serviço ao mercado, em um período de tempo.

Nesse contexto, alguns fatores explicam os motivos pelos quais as empresas ou produtores ofertam bens e serviços (ou ao menos parte deles). São eles:

a. **Preço do bem ou do serviço:** O preço é considerado a variável-chave da oferta, uma vez que cria incentivos para que a produção aconteça, tudo o mais constante. Quanto maior for o preço de um bem, mantidos constantes todos os outros elementos (especialmente os custos de produção), maiores serão os lucros ou retornos dos produtores sobre a produção. Isso deve, portanto, estimular o aumento da oferta;

b. **Preço dos insumos utilizados na produção do bem ou serviço:** Para decidir o quanto produzir, os produtores olharão, além do preço, os custos de produção. Lembre-se sempre que o grande intuito dos produtores é obter lucro. Assim, o preço dos insumos interfere diretamente no lucro, que por sua vez estimula ou desestimula a oferta do produto. Se os preços dos insumos sobem, tudo o mais constante (inclusive o preço de comercialização do bem), os lucros caem por unidade produzida, o que deverá desestimular a produção, reduzindo a oferta. O contrário também é verdadeiro: barateamento dos insumos, que gere redução no custo de produção, devem elevar os lucros e, consequentemente, estimular o aumento da oferta;

c. **Tecnologia e inovações tecnológicas poupadoras de insumos:** As melhorias tecnológicas ou a implementação de tecnologia nas produções podem gerar reduções significativas de custo para os produtores. Isso acontece porque, no geral, a tecnologia, quando bem desenvolvida e bem aplicada, tende a tornar eficiente a utilização de insumos de produção, reduzindo os custos vinculados a essa parte do processo produtivo. Assim, será possível produzir as mesmas quantidades já produzidas com menos insumos, reduzindo o custo agregado de produção, aumentando o lucro e estimulando a oferta do bem;

d. Preço de outros bens: Assim como na demanda, o preço de outros bens é importante para auxiliar na definição da oferta. Isso acontece porque os produtores, no geral, poderão aplicar seus fatores produtivos na produção de diversos bens, cabendo a eles escolher aquela produção que trará maiores benefícios. Pense, por exemplo, num produtor de feijão. Ele precisará sempre ter em mente os preços de culturas alternativas, ou seja, que poderão ser produzidas caso ele decida mudar o produto que oferta. Se o preço do milho subir muito no mercado, poderá estimular a troca da cultura, reduzindo a oferta de feijão e aumentando alternativamente a oferta de milho.

A oferta de um produto, assim como a demanda, é uma combinação de todos os fatores que influenciam ou determinam tal desejo de oferecer algum bem no mercado, sendo o fator de maior atenção o preço do bem.

A *lei da oferta* nos mostra, portanto, que quando um bem ou serviço passa por aumento de preços, sua oferta deverá subir, indicando que os lucros maiores auferidos nesse cenário estimulariam o desejo do produtor de colocar mais unidades à disposição da sociedade. Analogamente, reduções de preços deverão vir acompanhadas de redução de oferta.

4.2.1. Análise gráfica

Continuaremos aqui nosso exemplo do mercado de canetas, de modo a ilustrar graficamente a oferta de uma empresa. Na sequência, pensaremos no desenvolvimento da oferta do mercado.

Consideremos a Tabela 4 a oferta de canetas do produtor A.

Tabela 4 – *A oferta de canetas de um produtor*

Quantidade	Preço
0	
0	R$ 0,50
2	R$ 1,00
4	R$ 1,50
6	R$ 2,00
8	R$ 2,50
10	R$ 3,00
12	R$ 3,50

Se os preços forem R$ 0,50 ou menos, esse produtor não produz nenhuma unidade de caneta. A partir do momento que os preços ficam maiores, ele começa a oferecer seu produto no mercado, ainda que de forma tímida para preços baixos. Quando os preços sobem significativamente, o ímpeto do produtor é aumentar sua oferta, elevando também seus ganhos.

Graficamente, podemos representar essa demanda da seguinte forma:

Figura 5 – *Oferta de canetas por um produtor*

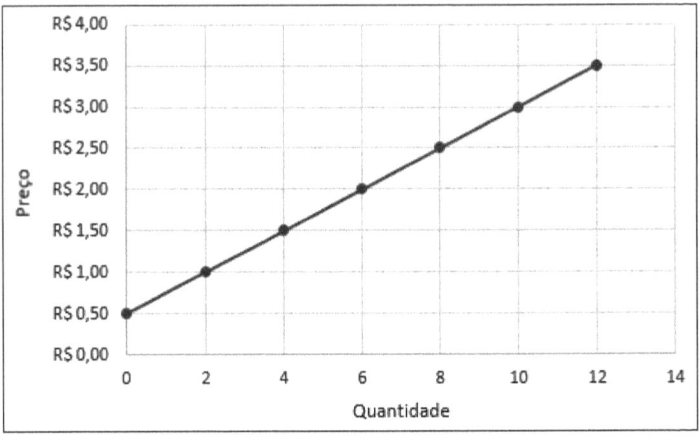

Analogamente ao que consideramos no estudo da demanda, se garantirmos a hipótese de que os bens são perfeitamente divisíveis, a curva de oferta assumirá, de maneira geral, o seguinte formato:

Figura 6 – *Oferta: formato geral*

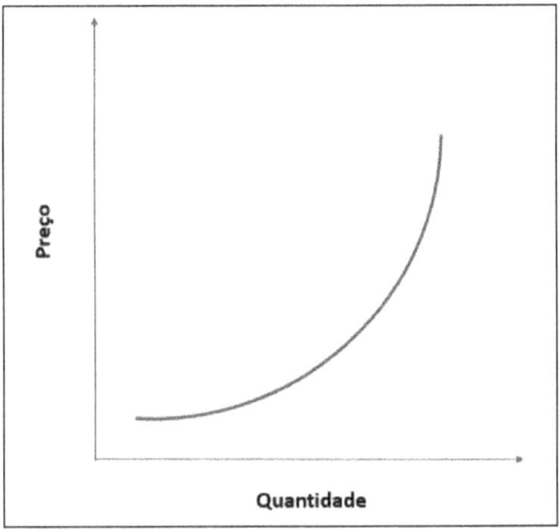

4.2.2. Da curva de oferta individual à curva de oferta de mercado

Novamente, o mercado será composto pela soma de seus ofertantes. Assim, se somarmos todas as ofertas efetuadas individualmente pelos produtores, teremos a oferta do mercado.

Dessa forma, retomemos nosso exemplo do mercado de canetas. Suponhamos que tenha nesse mercado mais um ofertante, aqui chamado de produtor B. A oferta deste produtor, assim como do produtor A, encontra-se na Tabela 5. A Figura 7 mostra a representação gráfica desta soma.

Tabela 5 – *Da oferta individual à oferta de mercado*

Preço	Quantidade - Produtor A	Quantidade - Produtor B	Quantidade - Mercado
R$ 0,00	0	0	0
R$ 0,50	0	0	0
R$ 1,00	2	4	6
R$ 1,50	4	8	12
R$ 2,00	6	12	18
R$ 2,50	8	16	24
R$ 3,00	10	20	30
R$ 3,50	12	24	36

Figura 7 – *Da oferta individual à oferta de mercado*

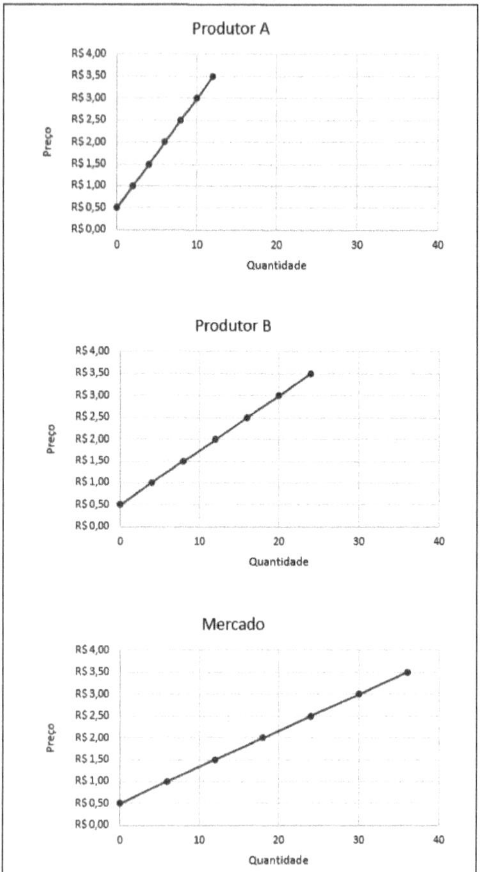

4.2.3. Excedente do produtor

Analogamente ao excedente do consumidor, visto anteriormente, também temos o *excedente do produtor*, que nos auxilia a compreender melhor a curva de oferta da economia.

Teoricamente, o *excedente do produtor* é a diferença entre o preço que este ganha por cada unidade produzida e comercializada, frente a quanto ele estaria disposto a cobrar por cada unidade.

Para compreendermos melhor essa ideia, precisamos perceber que o produtor também tem um preço considerado referência: para cada preço estabelecido, ele ofertará uma quantidade. Preços mais baixos gerarão quantias menores de oferta. Preços maiores estimulam maiores ofertas, em busca de maiores lucros.

Quando observamos o gráfico de oferta, vemos, sobre a linha da curva de oferta, o *preço mínimo* que o produtor está disposto a receber para cada quantia ofertada. No nosso exemplo, sabemos que o produtor A se dispõe a produzir duas unidades de canetas se o preço for R$ 1,00, ou seja, para produzir duas unidades, o preço mínimo que este produtor está disposto a receber é R$ 1,00. Quando o preço sobe para R$ 1,50, a disposição para produzir deste mesmo ofertante sobe para quatro unidades. E assim por diante.

Se o mercado, em algum momento, estabelecer um preço superior a R$ 1,00, o produtor terá um excedente nestas unidades produzidas: ele estaria disposto a receber o mínimo de R$ 1,00 e se o preço de comercialização for maior, ele receberá acima de suas expectativas.

Graficamente, o excedente do produtor pode ser definido como a área acima da curva de oferta, e abaixo do preço de equilíbrio do mercado. Este preço de equilíbrio será visto na próxima sessão.

4.2.4. Quais fatores fazem a curva de oferta se deslocar?

Assim como a curva de demanda se desloca com mudanças de seus fatores (com exceção ao preço), a curva de oferta também sofre tais impactos. Se algum dos seus fatores se modificar, agora mantidas as quantidades, o menor preço que o ofertante desejará receber por cada unidade produzida poderá mudar, para mais ou para menos.

Dessa forma, mudanças na tecnologia ou no preço dos insumos poderão alterar os preços desejados pelos ofertantes.

Vamos supor, por exemplo, que se desenvolva uma tecnologia que torne a produção de canetas muito mais econômica, permitindo inclusive a redução dos custos de produção. Nessas condições, os ofertantes poderão rever os preços mínimos aos quais estarão dispostos a produzir: possivelmente, agora eles quererão menos por cada unidade produzida, o que fará com que a curva de oferta se desloque para baixo.

Adicionalmente, se o preço de um insumo importante se elevar (por exemplo, o preço do plástico para fabricação de canetas), os produtores possivelmente desejarão repassar o aumento dos custos para os produtos comercializados, o que deve elevar o mínimo que cada produtor está disposto a receber por unidade produzida. Assim, a curva de oferta se deslocará para cima.

Obviamente, cada mudança na curva de oferta modificará o equilíbrio, mas isso é assunto para a próxima sessão.

4.3. O equilíbrio de mercado sob competição perfeita

4.3.1. Definição e características

Quando queremos definir economicamente, e em um ambiente de concorrência perfeita, o preço de um produto, precisamos olhar conjuntamente as curvas de oferta e demanda pelo mesmo: ali poderemos interagir o desejo de consumir ao desejo de produzir, buscando uma combinação na qual todos os grupos envolvidos nessa negociação fiquem satisfeitos.

O *equilíbrio* em análises econômicas, de forma mais ampla, é justamente isso: buscar pontos onde os grupos envolvidos estejam satisfeitos. Essa satisfação não significa que todos estarão plenamente felizes individualmente; na verdade, ela indica que existe uma combinação de ações sob a qual qualquer alteração de posição (uma mudança no preço, por exemplo) fará com que um ou mais grupos percam muito bem-estar, em detrimento de acréscimos pequenos de bem-estar aos demais.

No exemplo que estamos trabalhando neste capítulo, sabemos que as aspirações de compradores e vendedores de canetas são distintas: enquanto compradores gostariam de observar preços baixos que os possibilitassem comprar um alto número de canetas (no limite, toda a produção que for possível), produtores gostariam que os preços fossem os mais altos, para que pudessem fazer maiores lucros. São desejos distintos. Mas será que há um ponto onde consigamos gerar satisfação para ambos, evitando qualquer sub ou sobre utilização daquilo que foi produzido?

Para compreendermos tanto o conceito quanto a importância do equilíbrio para a economia, vejamos a Tabela 6. Nela, colocamos, para cada preço, os valores de oferta e demanda de mercado.

Como podemos notar, se a economia tiver um preço igual a zero, apesar da demanda do mercado ser elevada, não haverá nenhuma unidade ofertada: sem um preço adequado, nenhum ofertante desejará investir seus recursos, já que não estariam obtendo lucro.

Consequentemente, conforme o preço aumenta, os ofertantes passam a desejar oferecer o produto no mercado: a oferta cresce. No entanto, os demandantes percebem que o aumento do preço reduz suas possibilidades de aquisição, e reduzem a demanda. Conforme o preço vai subindo, a diferença entre oferta e demanda (que era muito negativa quando o preço estava igual ou próximo a zero) vai diminuindo, até o ponto em que, quando os preços são iguais a R$ 2,00, oferta e demanda se igualam: neste ponto, não há nem excesso de oferta, tampouco excesso de demanda.

Se os preços continuarem a aumentar, a situação se inverterá: com preços maiores que R$ 2,00, a oferta crescerá e ficará menor que a demanda para esse patamar de preços. O desequilíbrio se acentua quanto maiores forem os preços.

Note que, neste exemplo, o mercado não terá excesso nem de oferta e nem de demanda apenas aos preços de R$ 2,00. Este é o preço de equilíbrio do mercado de canetas utilizado neste nosso exemplo.

Tabela 6 – *Demanda, Oferta e Equilíbrio*

Preço	Oferta	Demanda	Oferta - Demanda
R$ 0,00	0	42	-42
R$ 0,50	0	36	-36
R$ 1,00	6	30	-24
R$ 1,50	12	24	-12
R$ 2,00	18	18	0
R$ 2,50	24	12	12
R$ 3,00	30	6	24
R$ 3,50	36	0	36

Figura 8 – *O equilíbrio do mercado de canetas*

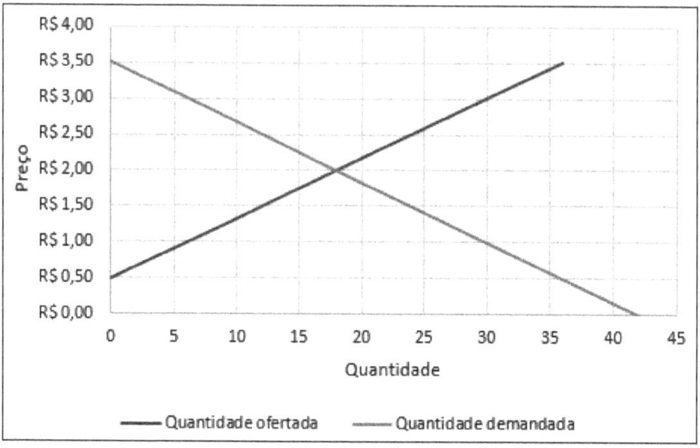

Como podemos ver graficamente, temos, no encontro das curvas, o ponto de equilíbrio: quando a curva de oferta se encontra com a curva de demanda, não sobra nem falta nada na economia. Todos estão, ao preço estabelecido pelo equilíbrio, satisfeitos. Se houver qualquer mudança, para cima ou para baixo do preço de equilíbrio, teremos alguém insatisfeito: ou demandantes que não encontrarão o produto para consumir (no caso de queda dos preços abaixo do equilíbrio) ou ofertantes insatisfeitos com mercadorias sobrando em suas prateleiras (se os preços ficarem acima do equilíbrio).

4.3.2. Mudanças no equilíbrio de mercado

Alterações da oferta ou da demanda causarão mudanças no equilíbrio de mercado. Para compreender esses cenários, veremos dois casos: um aumento de renda, e um aumento de custo de produção.

4.3.3. Aumento da renda e o equilíbrio de mercado

Um aumento da renda faz com que a demanda por bens e serviços que são desejáveis aumente: as pessoas passam a ter maiores possibilidades de consumo, considerando os preços estáveis, e consequentemente desejarão consumir mais bens e serviços. No nosso exemplo, haveria um aumento natural de demanda por canetas.

Para esta nova demanda, a configuração do equilíbrio de mercado muda: agora, aos preços iniciais, há mais pessoas demandando bens e serviços do que oferta. Nesse contexto, teremos, ao preço de equilíbrio do mercado, um excesso de demanda: a produção não é mais suficiente para, aos preços de mercado, suprir a demanda. Não estamos mais em equilíbrio.

Para que o equilíbrio se reestabeleça, os produtores deverão aumentar sua produção, a fim de satisfazer o desejo dos consumidores. Mas, ao preço inicial, estes não querem produzir mais do que o que já era produzido: para que a produção aumente, eles desejarão aumentos de preço.

Os aumentos de preço acontecerão de forma muito espontânea: uma vez que a demanda aumentou, os consumidores disputarão no mercado pelas unidades produzidas, o que gerará valorização do produto. O aumento de preços, que será consequência da disputa pelas unidades já produzidas, estimulará o produtor a aumentar sua oferta, almejando maiores lucros. O aumento da oferta levará ao aumento das unidades ofertadas no mercado, e esse processo de aumento de preços e aumento de quantidade ofertada perdurará até que a sociedade tenha sua demanda satisfeita.

Neste processo, é importante notar que, como a disputa pelo produto eleva o preço, a demanda reagirá também a este preço mais elevado. Logo, a busca por um novo ponto de equilíbrio nos leva a uma quantidade maior que a inicial (tanto produzida quanto demandada), amenizada pelo aumento de preços.

4.3.4. Aumento do custo de produção e o equilíbrio de mercado

O aumento dos custos de produção também impacta o equilíbrio do mercado.

Imagine uma sociedade que passa por um aumento significativo nos preços dos insumos e matérias-primas: agora, para continuarmos produzindo aquilo que nossa sociedade deseja, deveremos cobrar valores mais altos pelo produto final.

No entanto, os produtores sabem que o preço a ser recebido continuará sendo determinado pelas forças de mercado, e se permanecer no mesmo patamar (à despeito da elevação dos custos de produção), não fará sentido continuar produzindo a mesma quantidade. Assim, os produtores decidirão reduzir a quantidade produzida, o que reduzirá a oferta de bens no mercado.

Nesse contexto, imaginando que a demanda não se altere, o mercado terá um novo problema alocativo para resolver: como fazer com que a demanda (que continua sendo igual ao período anterior ao aumento dos custos) seja suprida por uma oferta menor? A solução será, mediante esse cenário, o aumento dos preços.

Esse aumento de preços também acontece de forma espontânea e quase que orgânica: haverá menos produtos no mercado, e ao se deparar com a escassez, o consumidor oferecerá marginalmente mais unidades monetárias para garantir o consumo do bem ou serviço desejado para garantir que sua demanda de fato seja efetivada. Essa valorização do bem e consequente aumento de preços levará a economia a um novo ponto de equilíbrio: sob preços maiores e oferta menor, a demanda também se acomodará em um nível menor que o inicial.

4.4. Como se caracteriza o equilíbrio em mercados não competitivos

Nos mercados não competitivos, a definição do equilíbrio no geral leva em consideração o poder de barganha ou negociação entre as partes envolvidas, além da essencialidade ou desejo pelo bem ou serviço em questão.

Quanto mais desejado e essencial for o produto, maior será a disposição do consumidor de pagar mais caro por ele. Dessa forma, se houver apenas uma empresa oferecendo o produto, ela terá incentivos a aumentar o preço cobrado, tentando obter o maior lucro possível por unidade produzida e comercializada.

Nesses casos, o poder de barganha faz com que os ofertantes imponham preços elevados pela entrega do bem, tentando extrair o máximo possível daquilo que já nomeamos como excedente do consumidor, otimizando o bem-estar do ofertante.

Importante salientar que nesses mercados não competitivos, o equilíbrio acontecerá com preços que são potencialmente diferentes daqueles que seriam os escolhidos em estruturas competitivas. Justamente por isso que entende-se que estruturas de mercado (as estruturas concorrenciais) são aquelas que provêm maior ganho de bem-estar social: o preço se estabelece de forma adequada, igualando oferta e demanda, sem distorções que justifiquem ganhos exagerados para algum dos lados da negociação.

5
A Macroeconomia e a Importância de se Compreender o Ambiente Econômico

A macroeconomia, como já mencionado, é a área da economia que se dedica ao estudo, medição e observação da economia de forma ampla e global. Assim, estuda os fenômenos econômicos e a distribuição destes dentro das sociedades, sem a preocupação da particularização dos seus efeitos.

De maneira mais direta, é a teoria econômica a serviço da compreensão de variáveis agregadas, que afetam um país, ou uma sociedade de maneira abrangente, através da utilização de informações, instrumentos estatísticos e matemáticos. Justamente por isso, são instrumentos comuns de estudo da macroeconomia a renda nacional, o nível de preços de uma economia, o total de investimentos produtivos, a determinação de taxas de juros e taxas de câmbio, ou até mesmo o nível de desemprego e o nível de reservas internacionais de um país.

5.1. Análise macroeconômica e questões centrais no estudo da macroeconomia

A definição e compreensão da macroeconomia passa, nesse contexto, por alguns níveis de análise, que nos ajudam a delimitar de forma mais adequada cenários e problemas macroeconômicos, bem como encaminhar recomendações e soluções viáveis e plausíveis.

No primeiro nível de análise reside a compreensão e a explicação do problema que afeta uma economia de forma ampla. Nesse escopo, é fundamental a utilização de dados estatísticos e de informações disponíveis que permitam mapear e compreender fenômenos econômicos, ocorridos nos períodos passados, como informação essencial para delimitação do problema. É através desse diagnóstico que podemos pensar inicialmente como os agentes econômicos se comportam, e formular o que seriam desvios do comportamento previsto, ou até mesmo justificativas para tal.

Uma vez compreendido o problema, é importante encaminhar soluções. Mas, convenhamos: não temos muito espaço para fazer experiências que possam gerar resultados ruins e prejudicar a sociedade. Por isso, é importantíssima a etapa da previsão: com ela, podemos simular o comportamento dos agentes em estudo, ou até mesmo simular o comportamento das variáveis agregadas que nos interessam para pensar possíveis políticas ou alternativas que poderão guiar nosso futuro. Toda a previsão se baseia no que aconteceu no passado e pode auxiliar para que compreendamos para onde a economia caminha no futuro.

Por fim, chega a hora da tomada de decisão: a ação é a maneira como a sociedade utiliza aquilo que aprendeu no processo de conhecimento e previsão para traçar os caminhos que lhes parecem mais adequados para atingir alguns objetivos.

Assim, muitos problemas fundamentais da economia podem ser destrinchados. Listamos aqui alguns, em forma de questionamentos, que servirão de base e inspiração para o restante desse pequeno (mas interessante) passeio pela macroeconomia:

- por que acontecem flutuações no nível de utilização dos recursos produtivos (emprego e desemprego)?;
- por que ocorrem flutuações no nível geral de preços (inflação e deflação)?;
- por que vivenciamos flutuações na taxa de crescimento da capacidade produtiva frente ao crescimento da população?;
- qual é o papel do governo como elemento que impulsiona ou controla a atividade econômica?;
- como se dá o funcionamento de uma economia e sua relação com o resto do mundo?

5.2. Instrumentos de política macroeconômica e sua importância na promoção do bem-estar

Parte significativa do endereçamento dos problemas de uma sociedade parte da definição de políticas e ações adequadas à sua resolução. Por consequência, a sociedade tem, à sua disposição, inúmeros instrumentos que permitem que a análise macroeconômica seja feita da forma mais assertiva possível, gerando o melhor resultado agregado.

Assim, os principais instrumentos de política macroeconômica são: política fiscal, política monetária, política cambial, política comercial e de rendas.

A *política fiscal* corresponde à ação do governo frente a seus gastos e sua arrecadação. O objetivo primordial é equilibrar o orçamento a médio e longo prazo, com o intuito de promover um ambiente saudável para o crescimento econômico da sociedade em questão.

A *política monetária* corresponde ao conjunto de medidas adotadas pela autoridade monetária (no Brasil, o Banco Central) com o objetivo de controlar a oferta monetária, os níveis de taxa de juros e as condições de concessão de crédito, de maneira a assegurar a liquidez do sistema econômico. É baseada em decisões técnicas que asseguram o controle adequado da quantidade de moeda, evitando elevações demasiadas de preços.

A *política cambial* se baseia na administração da taxa de câmbio e no controle de operações que as envolvem. Nesse sentido, a administração da quantidade de moeda externa confere ao país a possibilidade de manutenção das operações efetuadas com o resto do mundo, garantindo o abastecimento adequado e o aproveitamento das melhores oportunidades no comércio com o resto do mundo.

A *política comercial* é feita através da definição de ações do governo para estimular, ou inibir, o comércio internacional. Em conjunto com a política cambial, pode ser um instrumento crucial para a promoção do bem-estar de países.

Por fim, a *política de rendas* é o conjunto de ações voltadas à formação de preços, por meio do controle direto sobre salários, lucros e preços de bens intermediários e finais.

5.3. O ambiente econômico: macro e micro

O estudo do ambiente econômico pressupõe uma boa leitura do contexto macroeconômico vigente, em conjunto com bons fundamentos microeconômicos.

Nesse sentido, como podemos compreender o ambiente econômico, desde seu desenho inicial, até seus desdobramentos mais complexos?

Para tanto, iniciaremos o estudo de uma estrutura de equilíbrio macroeconômico simples, mas que nos ajudará a entender a intuição que os equilíbrios trazem para o estudo da economia.

5.3.1. O fluxo circular da renda e alguns conceitos básicos

O *fluxo circular da renda* é uma representação simplificada de um sistema econômico, onde as interações entre agentes levam ao equilíbrio macroeconômico. É, portanto, uma representação simples e pouco realista, mas muito importante para compreendermos de que forma medidas econômicas se desdobram em efeitos agregados.

O modelo mais simples de fluxo circular da renda é representado a seguir. Mas antes, precisamos definir alguns conceitos básicos, essenciais para que consigamos compreender a abrangência e importância desse instrumento econômico tão completo.

5.3.2. Conceitos básicos e definições

a) **Renda**: é a remuneração obtida pelos fatores de produção. São fatores de produção: o trabalho (cuja remuneração é o salário), o capital de empréstimo (cuja remuneração é o juro), o capital físico (cuja remuneração é o aluguel) e o capital de risco (cuja remuneração é o lucro). Por isso, são consideradas rendas: salário, juro, aluguel e lucro;

b) **Produto:** é tudo aquilo que é produzido ou ofertado por uma economia num determinado momento do tempo;

c) **Despesa**: também chamada de demanda, é o destino que é dado ao produto numa economia, a finalidade. Ela se desdobra em consumo privado, consumo público, investimentos, e exportações líquidas;

d) **Consumo (privado)**: é o total de despesa das famílias com a aquisição de bens e serviços necessários para a satisfação de suas necessidades. Depende basicamente da renda;

e) **Consumo público**: também chamado de gastos do governo com consumo, é o total de despesas efetuadas pelo governo para colocar à disposição da sociedade bens e serviços públicos de forma gratuita. Englobam basicamente as despesas do governo com pagamento de salários, aquisição de materiais para suprimento de repartições, compra de materiais para escolas, hospitais, entre outros. Importante registrar que despesas com pagamentos de dívidas ou transferências efetuadas ao setor privado não se caracterizam como gasto público em consumo;

f) **Investimento**: também conhecido como Formação Bruta de Capital Fixo, o investimento é variável fundamental para o crescimento econômico, pois ele representa todo o acréscimo de máquinas, equipamentos e tecnologia à produção em determinado momento do tempo. Nesse sentido, quanto maior for o sacrifício da sociedade para incrementar seu total de máquinas e equipamentos, maior deve ser (em condições ideais, com utilização adequada desse suprimento) a produção de uma determinada economia. Aqui, faz-se necessário mencionar que esse investimento é diferente do investimento financeiro, cuja finalidade nem sempre está vinculada ao setor produtivo. Também é importante ressaltar que existe um claro *trade-off* entre investir ou não. O investimento retorna um lucro incerto, que se baseia em expectativas, e por isso a taxa de juros básica é fundamental para a decisão de investir: se o mercado paga muito alto pelo dinheiro da população, será mais difícil convencer alguém a investir no lado produtivo (cujo retorno é incerto). Por isso, sob taxas de juros altas, o investimento tende a ser menor;

g) **Exportações líquidas**: correspondem ao saldo entre exportações (tudo aquilo que produzimos e vendemos para não residentes no país) e importações (tudo aquilo que é produzido fora do país e que consumimos).

5.3.3. O Fluxo Circular da Renda (FCR) de forma simplificada

Suponha uma economia fechada e sem governo formada por dois setores institucionais: o setor famílias (que consome bens, serviços e oferta mão de obra) e o setor empresas (que produz bens, serviços da economia e emprega toda a mão de obra no processo produtivo). Vamos pensar quais são as relações de troca entre os dois setores que se originam do processo de produção.

Primeiro, observe que, como estamos pensando em uma economia onde as transações econômicas são efetuadas em moeda (as trocas são indiretas), identificamos dois fluxos: um fluxo de trocas real (aquele que mensura troca entre bens e serviços) e outro fluxo de trocas monetárias.

O produto produzido pelas firmas é vendido no mercado de bens e serviços em troca de moeda que as famílias possuem (pois recebem renda). Essa renda é gerada pelo fato de trabalharem na produção de bens e serviços (ofertam trabalho às firmas) e receberem salários como pagamento (por simplicidade, o único tipo de renda dessa economia).

As transações são efetuadas em moeda, que é o denominador comum de valores econômicos. No entanto, a moeda é apenas uma forma de mensurar de maneira monetária os fluxos que acontecem no lado real, sendo que os fluxos reais medem a quantidade do que é trocado, e os fluxos monetários são responsáveis pela mensuração dos valores em moeda de tais trocas.

Como podemos observar, as unidades físicas ofertadas de bens e serviços e de trabalho são transacionadas nos mercados de bens e serviços e de trabalho, respectivamente. Por isso, o total de produto e renda medidos em moeda em um determinado período se equivalem (já que a quantidade total de moeda fluindo numa direção deve ser igual à quantidade de produtos físicos ou fatores reais de produção fluindo na direção oposta).

O Fluxo Circular da Renda (FCR) é, portanto, uma mensuração do *equilíbrio macroeconômico*, feita de maneira muito simples e visual: neste fluxo, tudo aquilo que é ofertado (seja em bens e serviços, seja em trabalho) é demandado, gerando renda, que se traduzirá em possibilidades de consumo. Não há, portanto, excesso ou escassez de nada dentro dessa economia: tudo se encontra, aos valores de mercado, em equilíbrio.

Apesar de simples, o Fluxo Circular da Renda nos permite chegar à seguinte conclusão: em uma economia, o *produto* se iguala à *renda*, que também deve se igualar à *demanda*. Algebricamente:

Produto = Renda = Despesa (Demanda).

Figura 9 – *Primeira Igualdade Fundamental*

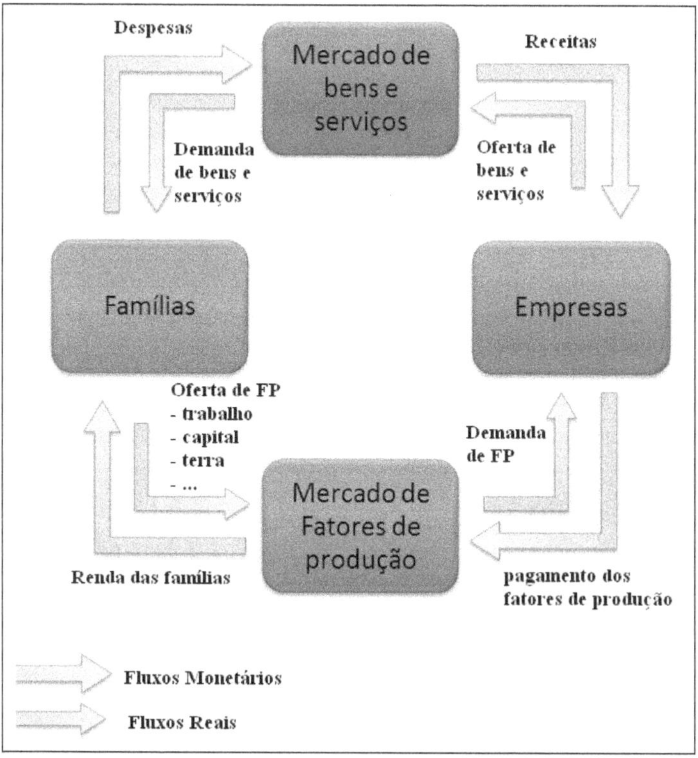

A partir da constatação desse equilíbrio, podemos desdobrar conceitos e particularidades importantes, que poderão afetar direta ou indiretamente o equilíbrio macroeconômico.

5.3.4. A Função de Produção (FP) de uma sociedade

Um importante conceito em economia, e que se desdobra a partir da definição de equilíbrio macroeconômico, é o de Função de Produção (FP).

A Função de Produção nada mais é do que a forma, ou a "receita", pela qual um país organiza seus insumos e fatores de produção, com o intuito de gerar algum tipo de produto no período em questão. São Fatores de Produção: o trabalho, as máquinas, os equipamentos, a tecnologia etc.

Nesse aspecto, quanto melhor e mais eficaz for a utilização dos Fatores de Produção, e melhores forem as disponibilidades de insumo dentro de uma sociedade, maior deve ser o produto desta economia. Justamente por isso, é fundamental que as economias invistam na aquisição e qualificação de seus fatores produtivos, englobando, nesse caso: a qualificação adequada da mão de obra, a aquisição de tecnologia compatível com o estilo de produção do país, aquisição e renovação de maquinário e equipamentos necessários à produção, entre outros. Somente assim será possível que um país cresça de forma sustentável, gerando resultados duradouros à sua economia.

Vale ressaltar, nesse ponto, que quanto melhor for o planejamento estratégico de um país, com decisões inteligentes e sensatas quanto aos caminhos para a expansão da capacidade de produção, e quanto maiores forem suas decisões em prol da boa utilização dos fatores de produção e insumos, maior será sua produção, maior deverá ser seu crescimento econômico e, por consequência, maior deverá ser seu bem-estar.

5.4. A contabilidade nacional e sua importância para o estudo econômico

A contabilização das atividades internas e externas de um país é de fundamental importância para que possamos fazer o diagnóstico correto dos problemas de uma economia. Somente após essa etapa será possível compreender quais políticas são necessárias, quais são as possibilidades de atuação e, portanto, como é possível contribuir para uma sociedade de fato.

Logo, estudamos a contabilidade de uma nação não apenas para medir o desempenho da economia (muito embora essa já seja por si só uma razão nobre para nos debruçarmos sobre esse assunto), mas também porque ela evidencia de que forma o equilíbrio se dá numa economia.

Na contabilidade nacional existe uma preocupação evidente de que conhecer a forma como o PIB se compõe é fundamental para que possamos entender possíveis intervenções para garantir o crescimento econômico.

5.4.1. Produto Interno Bruto

O Produto Interno Bruto (PIB) é mensurado como sendo o valor de mercado de todos os bens e serviços finais produzidos por uma economia em um determinado período de tempo (no geral, um ano). Por isso, o PIB é uma medida de atividade econômica de uma nação.

No entanto, vale pontuarmos que temos duas formas de visualizar o PIB: nominal (a preços correntes) e real (a preços constantes), sendo essa última a que nos interessa para entender como podemos comparar períodos distintos, com o intuito de notabilizar a existência ou não de crescimento econômico.

Por fim, importante mencionar que o PIB não é necessariamente a única medida de bem-estar de uma sociedade, tampouco a melhor. É sabido que existem medidas de melhoria socioeconômica que são evidentemente importantes para entender a evolução de uma nação. Mas é, sem dúvida, uma forma interessante de olhar quantitativamente tal evolução.

5.4.2. Os componentes do PIB

Como vimos através do Fluxo Circular da Renda (FCR), a renda adquirida pelas famílias através do pagamento dos Fatores de Produção (FP) volta para a economia, na forma de demanda por bens e serviços. Esse retorno da renda para a economia gera uma nova rodada de produção, que impulsiona a renda, e gera nova onda de consumo. Esse ciclo tende a se repetir na economia por alguns períodos, até que o impulso inicial dado (seja através da produção, seja através da renda) se dissipe.

Assim, uma vez que assumimos o resultado apontado pelo Fluxo Circular da Renda, e consideramos essa dinâmica de impulsos que se espalham pela economia impulsionando a demanda, podemos medir o PIB através do total de despesas geradas dentro dessa sociedade.

Pela ótica da despesa, medimos o PIB através da finalidade dada ao produto. Nesse sentido, o produto gerado por uma sociedade pode se desdobrar em consumo privado, investimento, consumo do governo, e exportações líquidas.

O *consumo privado* é a parcela da produção doméstica destinada à satisfação das necessidades e desejos da população. Nesse sentido, engloba tudo aquilo que a sociedade, personificada por seus agentes, consome em bens e serviços.

Essa medida difere dos *gastos do governo em consumo*, onde parte da produção é destinada para que o governo consiga disponibilizar bens e serviços de forma gratuita para a população. A escolha sobre quais tipos de gastos serão feitos, e de que forma tal consumo poderá ser distribuído entre a população, depende da decisão e priorização efetuada por cada governo.

O *investimento fixo*, também chamado de formação bruta de capital fixo, corresponde a todo o acréscimo de capital (máquinas, equipamentos etc.) efetuado na economia com o intuito de manter ou aumentar a capacidade produtiva de uma economia. Quanto maior for o investimento efetuado, maiores devem ser as possibilidades de aumento de produção.

Por fim, as *exportações líquidas* indicam qual é a parcela da produção que é destinada a satisfazer as necessidades do público externo.

5.4.3. O poder multiplicador dos componentes do PIB

Uma economia em equilíbrio terá, sempre, oferta igual à demanda. Isso faz com que qualquer tipo de política econômica que perturbe um desses componentes desencadeie sucessivas mudanças até que o equilíbrio se reestabeleça novamente.

No caso de políticas fiscais, elas geram um efeito multiplicador na renda, na medida em que o aumento dos gastos públicos pede maior alocação de pessoas e recursos para aumento de produção, que criam naturalmente um aumento de demanda. Essa demanda leva à nova necessidade de aumento de produto, que pedirá novos trabalhadores, gerando mais renda, e mais produção, desencadeando maior demanda, e por aí vai. Isso explica porque uma política fiscal pode gerar efeitos correlatos que aqueçam a economia por diversos períodos de tempo.

No caso de políticas monetárias, também o aumento de quantidade de moeda cria espaços para aumento de renda, na medida em que reduzem o custo de oportunidade de ter moeda, reduzindo a taxa de juros e, portanto, estimulando o aumento do investimento e, portanto, criando espaços multiplicativos sobre renda, produto e demanda.

5.5. Ajustes econômicos: como acontecem e quanto tempo demoram para fazer efeito

Choques acontecem constantemente na economia. Mudanças climáticas indesejadas, surpresas que fazem o governo gastar mais ou menos, pandemias que mudam a percepção de consumidores e investidores. Esses são alguns poucos exemplos de choques que acontecem constantemente na economia, e mudam a trajetória do crescimento do PIB.

Muitas vezes os choques podem ser evitados: o governo pode, por exemplo, manter uma política fiscal saudável, e uma política monetária vigilante, evitando que o consumidor ou o investidor mudem radicalmente sua percepção quanto à economia do país. No entanto, há choques que não podem ser contornados, nem tampouco antecipados. A pandemia de Covid-19 é um claro exemplo de choque que não poderia ser antecipado em sua magnitude e extensão.

Mais do que antecipar choques, lidar com suas consequências é fundamental. E compreender como a economia reage a eles, em extensão e tempo de ajuste, é parte importante do trabalho da macroeconomia.

Em resposta a um aumento nos gastos do consumidor, por exemplo, o produto não pula imediatamente para o novo equilíbrio, mas cresce ao longo do tempo. Essa demora em verificar os ajustes econômicos depende, basicamente, de com que frequência as firmas reveem sua produção. Formalmente, o ajuste do produto ao longo do tempo é o que os economistas chamam de dinâmica de ajustamento.

A dinâmica do ajuste depende, portanto, da forma como a oferta reage às mudanças de demanda, e de sua capacidade de reação. Há casos onde o aumento da oferta acontecerá rapidamente: são nas firmas onde a produção é revista com frequência e onde é possível ajustar facilmente fatores de produção para fomentar maior produção. Há casos, no entanto, onde a oferta demora a reagir, solicitando maior solidez no aumento da demanda e conciliando as dificuldades de ajustar os fatores de produção à nova realidade da economia. Nesse cenário, em particular, os preços podem permanecer mais elevados durante um período maior de tempo.

5.6. O papel da moeda dentro das sociedades e a política monetária

A moeda é um importante elemento nas sociedades atuais. É a moeda que permite que ocorram trocas entre as sociedades, no estilo de trocas indiretas: mercadoria x moeda x mercadoria. Moeda é liquidez, essencialmente.

Assim, a principal função da moeda é como meio de troca ou intermediário nas negociações, e essa é sem dúvida uma das características essenciais para a modernização das sociedades atuais: a possibilidade de efetuar trocas indiretas, aumentando a especialização das economias e possibilitando que eficiências sejam evidenciadas.

Entretanto, a moeda pode ter outras duas funções: reserva de valor e unidade de conta. *Reserva de valor* significa guardar um pouco de moeda (liquidez) para situações inesperadas, ou mesmo para possibilitar que boas oportunidades sejam aproveitadas. *Unidade de conta*, por sua vez, é a possibilidade de comparar bens e produções diferentes através de um denominador comum, que é a moeda.

Importante pontuarmos que quanto maior o nível de trocas de uma sociedade, maior a necessidade de moeda. Vale ressaltar que esse nível de trocas depende da produção e, portanto, do PIB. No entanto, quanto maior for a taxa de juros, menor vai ser a predisposição das pessoas para utilizar moeda e, por isso, menor a predisposição para consumir no curto prazo.

5.6.1. Política monetária

As políticas monetárias são aquelas executadas exclusivamente pela autoridade monetária. No caso brasileiro, a autoridade monetária de maior importância é o Conselho Monetário Nacional (CMN).

O Conselho Monetário Nacional é o órgão máximo do Sistema Financeiro Nacional (SFN) e define as diretrizes de funcionamento do SFN – política monetária, cambial e creditícia.

Ao longo de sua existência, o CMN teve diferentes constituições de membros, de acordo com as exigências políticas e econômicas de cada momento.

Com o Plano Real, simplificou-se a composição do CMN, caracterizando seu perfil monetário, que passou a ser integrado pelo Ministro da Fazenda (Presidente), Ministro do Planejamento, Orçamento e Gestão e pelo Presidente do Banco Central.

A autoridade monetária pode optar por fazer expansões monetárias, quando aumenta a oferta de moeda na economia, ou ainda contrações monetárias, quando o governo intervém no mercado retirando moeda de circulação da economia. Essas operações são feitas através de venda e compra de títulos no mercado aberto.

Quando a autoridade monetária resolve fazer uma política monetária, quem executa essa política é o Banco Central (que é o órgão executor da política monetária). Mas note: o Banco Central não pode emitir quanto dinheiro quiser. Ele deve colocar tanta moeda quanto for necessária para garantir que as negociações ocorram. Isso porque o lado monetário da economia existe para quantificar o lado real da economia. Se não houver produção (lado real), não há motivos para existir o lado monetário.

Da mesma forma, se não houver crescimento real da economia, não faz sentido haver crescimento monetário. Caso ocorra crescimento monetário sem ocorrer necessariamente crescimento real da economia, verifica-se o efeito direto de aumento dos preços e, portanto, inflação.

5.6.2. Política fiscal

A política fiscal se caracteriza pelo conjunto de ações do governo destinadas a ajustar seus níveis de gastos e receitas (tributos), monitorando a economia de um país. Sendo assim, a política fiscal está intimamente ligada à política monetária, pois ambas buscam influenciar um aspecto da economia: o crescimento econômico.

A política fiscal, assim como a política monetária, possui por objetivos:

- promover o desenvolvimento econômico;
- garantir pleno emprego e sua estabilidade;
- equilibrar o volume das transações econômicas com o exterior;
- garantir estabilidade de preços e controle da inflação;
- promover a distribuição da riqueza e das rendas.

Todo o governo, invariavelmente, irá utilizar política fiscal e política monetária sob várias combinações e graduações, num esforço para orientar as metas econômicas de um país.

E isso nos leva à seguinte pergunta: por que existe governo? Várias são as justificativas para essa pergunta, e muitas nem passam pelo escopo econômico. No entanto, economicamente o governo se justifica pelos seguintes motivos:

- a operação do sistema de mercado necessita de uma série de contratos que dependem da proteção e da estrutura legal implementada pelo governo.

Assim, o governo pode garantir o cumprimento de determinadas regras, dando segurança para que os investimentos aconteçam, para que as produções possam ser otimizadas e para que a economia funcione de maneira adequada, sem anomalias;

- a ocorrência de falhas de mercado impulsiona a existência de bens públicos, ou seja, aqueles que são colocados à disposição da população sem exclusão. Da mesma forma, a existência de intercorrências como externalidades, monopólios naturais e até mesmo falta de informação tornam o governo essencial para o bom funcionamento das regras do mercado, uma vez que este controlará o funcionamento dos mecanismos a contento;
- o governo pode promover o crescimento e a estabilidade econômica através de suas políticas, elevando o nível de emprego, gerando estabilidade de preços, e até mesmo certo equilíbrio nas transações com o exterior;
- por fim, o governo pode agir sobre a redistribuição de renda, de riqueza e de oportunidades, diminuindo as diferenças dentro da sociedade.

De forma resumida, a ação do governo através da política fiscal abrange três funções básicas:

- **Função alocativa:** é o meio pelo qual o governo reparte os recursos oriundos da gestão pública, oferecendo bens públicos como rodovias, saúde, educação, segurança, aos cidadãos;
- **Função distributiva:** é a repartição propriamente dita das rendas e riquezas de uma sociedade por

parte do governo, buscando assegurar a redução das desigualdades;

- **Função estabilizadora:** corresponde à aplicação de políticas econômicas diversas pelo governo, com o intuito de promover a geração de emprego, com desenvolvimento e estabilidade econômica. Essa função só se justifica pela incapacidade do mercado conseguir atingir, de maneira autônoma, tais resultados.

Portanto, deve ficar relativamente claro que o governo é um agente que dispõe de tributos (que compõem sua receita) para financiar seus gastos (colocados, de maneira ao menos ideal, à serviço da população e de seu bem-estar).

Logo, a política fiscal se preocupa em explicar qual a melhor forma da autoridade governamental gerenciar seus recursos e despesas, de modo a obter o melhor resultado possível para a população.

Uma outra discussão importante sobre a política fiscal reside na forma como o governo arrecada seus recursos. A tributação, principal fonte de receita governamental, pode ser obtida através de impostos, taxas ou contribuições.

Os *impostos* são cobranças feitas à população sem a necessidade de contrapartida do governo, garantindo a funcionalidade do Estado em seus serviços públicos. Já as *taxas* são cobranças também obrigatórias feitas pelo Estado, mas que se vinculam, de maneira imediata, a uma atividade praticada por este. Por fim, as *contribuições de melhoria* são como tributos cobrados pela esfera pública para fazer frente ao custo de obras que tenham por decorrência a valorização imobiliária.

A tributação, para ser considerada eficiente e adequada à sociedade, deverá se alinhar ao máximo a quatro conceitos, definidores de boas práticas de política tributária:

- o conceito da equidade (cada cidadão deve pagar a parcela justa);
- o conceito da progressividade (neste cenário, quem ganha mais, paga mais);
- o conceito da neutralidade (os tributos não podem gerar distorções nas escolhas do cidadão entre trabalhar ou não, por exemplo);
- o conceito da simplicidade (os tributos precisam ser de fácil entendimento e de simples cobrança).

Coleção MyNews Explica

MyNews Explica Evangélicos na Política Brasileira – Magali Cunha
MyNews Explica Eleições Brasileiras – Luis Felipe Salomão e Daniel Vianna Vargas
MyNews Explica Budismo – Heródoto Barbeiro
MyNews Explica Pesquisas Eleitorais – Denilde Holzhacker
MyNews Explica a Rússia Face ao Ocidente – Paulo Visentini
MyNews Explica Sistema Imunológico e Vacinas – Gustavo Cabral
MyNews Explica Como Morar Legalmente nos Estados Unidos – Rodrigo Lins
MyNews Explica O Diabo – Edin Sued Abumanssur
MyNews Explica Buracos Negros – Thaísa Bergman
MyNews Explica Política nos EUA – Carlos Augusto Poggio

Próximos lançamentos

MyNews Explica Sistemas de Governo – Denilde Holzhacker
MyNews Explica Algoritmos – Nina da Hora
MyNews Explica Astronomia – Cássio Barbosa
MyNews Explica Interculturalidade – Welder Lancieri Marchini
MyNews Explica Liberalismo – Joel Pinheiro da Fonseca
MyNews Explica Fascismo – Leandro Gonçalves; Odilon Caldeira Neto
MyNews Explica Integralismo – Leandro Gonçalves; Odilon Caldeira Neto
MyNews Explica Comunismo e Socialismo – Rodrigo Prando
MyNews Explica Exoplanetas – Salvador Nogueira

MyNews Explica a Inflação – André Braz
MyNews Explica Relações Internacionais – Guilherme Casarões
MyNews Explica Nacionalismo x Globalização: a polarização do nosso tempo – Daniel Souza e Tanguy Baghadadi
MyNews Explica Estabilidade Mundial – Daniel Souza e Tanguy Baghadadi
MyNews Explica Mulheres na Política Brasileira – Manuela D'Avila
MyNews Explica HIV ou A Cura da AIDs – Roberto Diaz
MyNews Explica Comportamento e Saúde Financeira – Jairo Bouer
Mynews Explica Galáxias Distantes – Ricardo Ogando
MyNews Explica Negacionismo – Sabine Righetti e Estevão Gamba
Mynews Explica Democracia – Creomar Souza
MyNews Explica Trabalho e *Burnout* – Jairo Bouer